Helga Köster · Dipl.-Psych. Erich Bauer

ASTRO-DIÄT

Helga Köster · Dipl.-Psych. Erich Bauer

ASTRO-DIÄT

★ ★ ★ ★ ★ ★ ★ ★ ★ ★ ★ ★ ★ ★ ★ ★ ★ ★ ★ ★

Das erste 12-Sterne-Kochbuch

Mary Hahn

IMPRESSUM

ASTRO-DIÄT ★★★★★★★★★★★★★★★★★★★★★★★★★★★★★★★★★★★★★★★

1. Auflage Januar 1994
2. Auflage Februar 1994

©1994 Mary Hahn Verlag
in der F. A. Herbig Verlagsbuchhandlung
GmbH, München
Alle Rechte der Vervielfältigung und
Verbreitung einschließlich Film, Funk,
Fernsehen sowie der Fotokopie
und des auszugsweisen Nachdrucks
vorbehalten
Umschlag: A. Bachmann, Reischach
Fotos: Fotostudio Kellner + Sonnenberg, Hamburg
Zeichnungen: Brigitta Borchert, Kiel
Foodstyling: Petra Speckmann
Satz und Reproduktionen: Concept
Gesellschaft für Medienproduktion mbH,
Höchberg bei Würzburg
Druck und Binden: Chemnitzer Verlag
und Druck GmbH, Zwickau
Printed in Germany
ISBN 3-87287-411-X

Wir danken der Firma **Berndes,**
die uns bei der Entwicklung
der Rezepte für dieses Buch
mit ihren Produkten – beschichteten
Pfannen und Töpfen – unterstützt hat.

INHALT

ASTRO-DIÄT

DIE AUTOREN   Seite   8

VORWORT   Seite   9

ALLE STERNE AUF EINEN BLICK   Seite 12
WIDDER   Seite 12
STIER   Seite 12
ZWILLINGE   Seite 13
KREBS   Seite 13
LÖWE   Seite 14
JUNGFRAU   Seite 14
WAAGE   Seite 15
SKORPION   Seite 15
SCHÜTZE   Seite 16
STEINBOCK   Seite 16
WASSERMANN   Seite 17
FISCHE   Seite 17

STICHWORTVERZEICHNIS   Seite 187

REZEPTREGISTER   Seite 189

INHALT

ASTRO-DIÄT ★★★★★★★★★★★★★★★★★★★★★★★★★★★★★★★★★★★★★★

DER WIDDER   Seite 18
21. März bis 20. April
DIE WIDDER-DIÄT   Seite 24

DER STIER   Seite 32
21. April bis 20. Mai
DIE STIER-DIÄT   Seite 38

DIE ZWILLINGE   Seite 46
21. Mai bis 21. Juni
DIE ZWILLINGE-DIÄT   Seite 52

DER KREBS   Seite 60
22. Juni bis 22. Juli
DIE KREBS-DIÄT   Seite 66

DER LÖWE   Seite 74
23. Juli bis 23. August
DIE LÖWE-DIÄT   Seite 80

DIE JUNGFRAU   Seite 88
24. August bis 23. September
DIE JUNGFRAU-DIÄT   Seite 94

INHALT

★★

DIE WAAGE   Seite 102
24. September bis 23. Oktober
DIE WAAGE-DIÄT   Seite 108

DER SKORPION   Seite 116
24. Oktober bis 22. November
DIE SKORPION-DIÄT   Seite 122

DER SCHÜTZE   Seite 130
23. November bis 21. Dezember
DIE SCHÜTZE-DIÄT   Seite 136

DER STEINBOCK   Seite 144
22. Dezember bis 20. Januar
DIE STEINBOCK-DIÄT   Seite 150

DER WASSERMANN   Seite 158
21. Januar bis 19. Februar
DIE WASSERMANN-DIÄT   Seite 164

DIE FISCHE   Seite 172
20. Februar bis 20. März
DIE FISCHE-DIÄT   Seite 178

DIE AUTOREN

★★★★★★★★★★★★★★★★★★★★★★★★★★★★★★★★★★★★

HELGA KÖSTER

ist freie Journalistin in Hamburg. Seit 25 Jahren beschäftigt sie sich mit dem Thema »Gesunde Ernährung«. In enger Zusammenarbeit mit Ernährungswissenschaftlern und Medizinern ist sie ständig den neuesten Erkenntnissen auf der Spur. Vielen Menschen hat sie mit ihren Ernährungsvorschlägen und Eßprogrammen geholfen. Ihr Erfolg beruht auf der Erfahrung, daß schlechtes Eßverhalten lange einstudiert ist und daß es Zeit braucht, um es in ein vernünftiges umzutrainieren. Ihr Erfolgsrezept: Nur ein Programm, mit dem man sich ganz schnell anfreunden kann, das auch keine küchentechnischen und zeitraubenden Fähigkeiten erfordert, hinter dem keine komplizierte Philosophie steht, bringt die Menschen auf die richtige Schiene. Sie erreichen das Gewicht, das gesund für sie ist, und die Gesundheit, mit der sie besser leben. Begonnen hat sie ihre Karriere mit den ersten vier Bestsellern aus der Buchserie »Brigitte-Diät«. Dieses hier ist ihr zwölftes Buch.

ERICH BAUER

ist Diplom-Psychologe und unterhält eine psychotherapeuthisch-astrologische Praxis in München. Auch er ist Autor mehrerer Bücher: »Der Tierkreiszeichenführer«, »Psycho-Tarot«, »Das astrologische Gesundheitsbuch«. Sein neuestes Buch in Zusammenarbeit mit Ernst Lechthaler: »Astro Drinks«. Er arbeitet für mehrere große deutsche Frauenzeitschriften, für Rundfunk und Fernsehen. Unter anderem leitet er auch astrologisch-psychologische Seminare in Deutschland, der Schweiz und in Österreich. Sein Anliegen: Die Astrologie, die einst eine angesehene Kunst und Wissenschaft war, von abergläubischen Überfrachtungen zu befreien, die wahren Bezüge herzustellen und sie leicht, unterhaltend und praktisch werden zu lassen.

VORWORT

★★★ **ASTRO-DIÄT**

Wenn Sie in diesem Buch blättern, werden Sie sich fragen, was haben meine Formen mit den Planeten am Firmament zu tun?

Schon von Paracelsus, er war Theologe und Naturphilosoph und lebte im 16. Jahrhundert, stammt die Erkenntnis: »Ein guter Arzt muß auch immer ein guter Astrologe sein.« Damals schlossen die Ärzte stets Anweisungen für die richtige Ernährung mit ein, schließlich gab es nicht diese Fülle von Medikamenten wie heute, man mußte auf vorhandene Mittel zurückgreifen. Und zwar auf die entsprechenden für den jeweiligen Zeitgenossen, um den Genesungsprozeß zu beschleunigen. Der Stier, der ohnehin immer zuviel ißt, bekam andere Empfehlungen als der Steinbock, der generell ein knauseriger Esser ist.

Wir alle kennen das Phänomen der Schlaflosigkeit bei Vollmond. Da tigern plötzlich die besten Schläfer nachts ruhelos in der Gegend herum. Der Mond ist groß, und Schlaflosigkeit ist eine einfach festzustellende Disharmonie. Aber es gibt auch feinere Nuancen, die unser Wohlbefinden von »oben nach unten« beeinflussen. Konstellationen, die wir mit unserem Bewußtsein nicht erkennen, die wir auch häufig nicht logisch erklären können.

Menschen, die sich mit Astrologie beschäftigen, sind sich ganz sicher, daß es typische Merkmale für bestimmte Sternzeichen gibt. So ist der Stier ein lebenslustiger Mensch, der aus dem Vollen schöpft, und der Steinbock ein kühler, manchmal knickriger Mensch, wie bereits Paracelsus feststellte. So kann man – mit einiger Erfahrung – von diesen Verhaltensweisen auch auf deren Eßverhalten schließen. Der eine ißt eben viel und manchmal das Falsche, der andere wenig und damit nicht genug. Der eine wird dick und muß abgepäppelt werden, der andere ist dünn und muß aufgepäppelt werden.

Dieses wäre einfach, wenn es den »typischen« Stier und den »typischen« Steinbock geben würde.

VORWORT

Die gibt es eben nicht. Zum Beispiel verändern die Aszendenten das Bild, das sind die Planeten, die im Moment der Geburt am östlichen Horizont aufstiegen. Dazu kommen später natürlich auch noch andere Einflüsse hinzu, wie z. B. eine dominierende Erziehung oder äußere Umstände, die das klare Bild beeinflussen können. So spielt im Zusammenhang mit Astrologie und Essen das Sternzeichen der Mutter eine wichtige Rolle. Sie hat schließlich unser Eßverhalten später stark von außen geprägt. Sie mochte vielleicht keine Tomaten. Wetten, daß ihre Kinder auch als Erwachsene keine mögen? Um bei dem Beispiel Stier – Steinbock zu bleiben. Eine lebenslustige Stier-Frau lebt an der Seite eines knauserigen Steinbocks, der ihr am liebsten jede einzelne Praline entreißen würde. Sie geht in den Widerstand und ißt heimlich die ganze Schachtel leer. Und das nicht einmal, sondern 25 Ehejahre lang. Und noch ein Beispiel: Ein Krebs, der bekannt dafür ist, daß er so sehr an seiner Familie hängt, für

den die gemeinsamen Mahlzeiten ganz wichtig sind. Seine Familie fällt aus irgendwelchen Gründen auseinander. Er ißt nicht mehr vernünftig, weil ihm seine Lieben rund um den Tisch fehlen.

Deshalb ist dieses Buch ein ganz besonderes Buch. Es verschreibt Ihnen nicht nach dem Gießkannenprinzip eine Wunderdiät. Es geht auf Ihre persönlichen Bedürfnisse, ihre besonderen Eigenheiten, Ihre derzeitigen Lebensumstände ein. Es kann Ihnen dabei helfen, einen ganz eigenen Weg für sich und Ihre gerade bestehende Situation zu finden.

Allerdings dürfen Sie dabei nicht dogmatisch oder gar fanatisch verfahren. Angenommen, Sie sind Ende September geboren. Somit ist Ihr Sternzeichen die Jungfrau. Wenn Sie sich jetzt nur nach der Jungfrau-Diät richten, egal ob sie Ihnen schmeckt, ob Sie sich dabei wohlfühlen, ob Sie damit die gewünschten Pfunde verlieren … wäre das der falsche Weg.

VORWORT

★★★★★★★★★★★★★★★★★★★★★★★★★★★★★★★★★★★★

Ein kluger Mensch dagegen handelt so: Ich bin eine Jungfrau. Deshalb beginne ich, in diesem Buch über mich nachzulesen. Ich bin aber auch kritisch. Manche Beschreibungen treffen haarscharf auf mich zu, andere liegen völlig daneben. Ich weiß, daß es sich bei den Beschreibungen um die »typische« Jungfrau handelt, die es so gar nicht gibt und die ich so gar nicht bin. Ich bin zwar eine Jungfrau, aber es spielen ja auch andere Dinge eine Rolle, z. B. mein Aszendent. Kenne ich diesen, muß ich auch einmal unter den Empfehlungen nachschauen, die diesem Sternzeichen zugeordnet sind. Diese Vorschläge treffen auch teilweise auf mich zu, und ich ergänze mein Programm auch mit diesen Rezepten. Genauso interessieren mich die Vorschläge für die Sternzeichen meiner Kinder, meines Mannes, meines Freundes oder meiner Freundin.

Übrigens, um den Aszendenten zu berechnen, braucht man die genaue Geburtszeit und den Geburts-

ort. Dafür gibt es Computerprogramme. Manche Kaufhäuser und Buchläden berechnen Ihnen den für ein paar Mark.

Zwölf Wege – für jedes Sternzeichen einer – führen zu ein und demselben Ziel: zu einer gesunden Ernährungsform, die alles enthält, was der Mensch braucht. Zusammengestellt nach den neuesten wissenschaftlichen Erkenntnissen. Wer mit Übergewicht zu kämpfen hat, wird Pfunde verlieren, wer zu wenig wiegt, wird welche gewinnen. Sie werden sich wohlfühlen, wenn Sie eine Weile den Ratschlägen gefolgt sind. Es ist bestimmt kein Diätbuch zum Abmagern. Es ist ein Buch, das Wege aufzeichnet, um in die richtige körperliche und gesunde Form zu kommen, egal ob Sie jetzt dick oder zu dünn sind.

Kalorien

Bei der Astro-Diät brauchen Sie keine Kalorien zu zählen. Die Kalorienzufuhr wird über die Auswahl der Zutaten und der Portionsgrößen gesteuert. Das System, das dahintersteckt, finden Sie ganz genau erklärt in der Fische-Diät.

**Wichtig!
Alle Rezepte in diesem Buch sind für
1 Person berechnet.**

ASTRO-DIÄT ★★★★★★★★★★★★★★★★★★★★★★★★★★★★★★★★★★★★

	WIDDER	STIER
DER TYPISCHE…	Ist immer hektisch, nimmt sich keine Zeit zum Essen, deshalb meistens schlank. Ein Widder, der sich zum Schaf entwickelt hat, kann Probleme kriegen. Eine Abnahmekur muß für ihn eine Herausforderung sein.	Ißt leidenschaftlich gern und gut (fett), nascht gern, grast immer rundherum. Das pralle Leben, häufig mit pfundigen Konsequenzen.
SO ISST UND KOCHT…	Er hat schlampige Eßgewohnheiten. Da so quirlig, bleibt er schlank. Ißt gern und gut, aber nur, wenn er Zeit hat. Richtung: deftig, herzhaft. Kocht nicht gern, kann auch nicht gut kochen, Steaks kriegt er noch hin. Gäste bewirtet er mit Hilfe des Partyservice. Ißt viel im Restaurant, meistens zuviel. Ihm fehlt die eigene Kochpraxis, um seine Ernährung besser zu kontrollieren.	Guter Gastgeber, hinreißende Feste. Ist das Heimchen am Herd, sehr bodenständig und häuslich. Kocht nicht hochklassig, aber handfest. Nutzt die Technik, denkt praktisch, läßt sich nicht aus der Ruhe bringen. Stier-Frauen kochen gern, Stier-Männer lassen kochen, lassen sich aber auch anlernen, um ihre Partnerinnen zu entlasten.
WAS SAGEN DIE STERNE…	Gerät aus den Fugen, wenn er erlahmt, wenn er seine Vitalität verliert. Wenn er aus den Fugen geraten ist, will er seine Pfunde möglichst im Eilverfahren wieder loswerden. Geht nicht. Der Trick: Über magere Zutaten und kleinere Mengen seine bisherige Ernährung »gesund« machen.	Legt drastische Dürreperioden ein (mit Erfolg), wenn er von seinen Pfunden überwuchert wird. Langt hinterher wieder im alten Stil zu und macht seine Erfolge schnell wieder zunichte. Der Typ für den Yo-Yo-Effekt. Sein Gewicht geht weg und kommt ganz schnell wieder.
DIÄT	Sollte bei seinem deftigen Stil bleiben, keine gravierenden Veränderungen! Würde ihn nur irritieren. Aber alles kleiner, fettärmer. Er bekommt die deutsche Diät.	Sollte völlig umstellen von deutschem Essen auf herzhaftes italienisches. Viel Spaghetti mit leichten Saucen, viel Gemüse mit etwas Parmesan, viel Salat, leichte Fisch- und Fleischgerichte, leichte Weine und viel Wasser. Vorschlag: die italienische Diät.

ALLE STERNE AUF EINEN BLICK

★★

ZWILLINGE

Zwillinge sind unglaublich quirlig, amüsant, machen sich nicht viel aus Essen, stopfen es in sich hinein. Die Darbietung und die Auswahl ist schlicht. Konzentrieren sich nicht aufs Essen, machen alles mögliche nebenbei: reden, lesen, fernsehen.

Von der Salzstange bis zur Konservendose – Zwillinge schrecken vor nichts zurück. Das Rundherum stimmt immer, aber die Darbietung ihres Essens ist nicht besonders sexy, gleicht dem von Hempels auf dem Campingplatz. Optisch lieblos. Dafür herrscht gute Stimmung. Sie sind immer zu Streichen aufgelegt und lieben interessante Gespräche.

Die meisten Zwillinge sind dünn, weil sie viel Energie verbrauchen. Ein dicker Zwilling muß seine Quirligkeit wiederfinden. Erst dann wird eine Diät wirksam sein.

Ein Zwilling braucht etwas, was keine hohen Ansprüche an seine Kochkünste stellt und womit er seine Gäste bewirten kann. Es muß leicht und locker sein, optisch appetitlich aussehen. Empfehlung: Die asiatische Diät – mit Stäbchen essen, damit er aufhört zu schlingen.

KREBS

Essen ist für ihn Balsam. Wenn dieser Teil in seinem Leben zu kurz kommt, bekommt der Krebs Magenbeschwerden. Er ißt und kocht leidenschaftlich gern, sein Leben spielt sich im Heim und am Herd ab. Manchmal ein bißchen zu üppig, so daß er aus dem Leim geht.

Essen ist für ihn ein Kult. Kneipen und Restaurants können seine Wünsche nur schwer befriedigen. Er kocht lieber selbst, nicht ausgefallen, eher konservativ. Beschäftigt sich aber sehr mit dem ganzen Drumherum – mit den Zutaten, der Zubereitung, dem Licht und den Dekorationen. Ißt nicht gern allein. Er liebt es, wenn um seinen Tisch die Familie und gute Freunde sitzen.

Kompensiert in seinem Leben vieles mit Essen. Daraus schöpft er nicht nur physische Energien, sondern auch psychische. Kocht gern, wenn das Umfeld stimmt. In der richtigen Stimmung ißt er viel.

Er bekommt eine Mischung aus klassischen und modernen Rezepten. Sie eignen sich nicht nur für ihn, sondern gleich für die ganze Familie oder Freunde, denn er ißt doch so ungern allein. Empfehlung: eine Art Familien-Diät.

DER TYPISCHE...

SO ISST UND KOCHT...

WAS SAGEN DIE STERNE...

DIÄT

LÖWE

JUNGFRAU

DER TYPISCHE...

Löwen sind eitel. Ein sonnenbrauner und gut durchtrainierter Körper ist für ihn wichtig. Er braucht Bestätigung, das ist seine Triebfeder. Bekommt er die nicht, läßt er sich gehen und wird träge.

Jungfrauen sind meistens sehr vernünftig, sie muten ihrem Körper nichts Arges zu. Dabei hilft ihnen auch ihre Pedanterie. Wenn sie mal über die Stränge schlagen, greifen sie selbst zu disziplinarischen Maßnahmen in Form einer Abstinenzwoche.

SO ISST UND KOCHT...

Löwen lieben den Luxus und mehrgängige Menüs. Sie sind eher Zufallsesser. Küchentechnisch gesehen sind sie ziemliche Faultiere. Dösen lieber in der Sonne und stehen nicht gern am Herd. Meistens lassen sie kochen, dafür finden sie immer jemand. Selberkochen ist nicht ihr Ding.

Bewegen sich im Hintergrund, feiern nicht häufig, aber dafür die größten Feste. Sie sind wählerisch und anspruchsvoll bei allem, auch beim Essen. Sie kochen leicht und locker, weil sie nichts Schweres vertragen können. Ihr größtes Problem ist ihre Arbeitswut, die sie häufig davon abhält, vernünftig zu leben und sich gut zu ernähren.

WAS SAGEN DIE STERNE...

Löwen sind Naschkatzen. Das ist ein Grund, warum sie manchmal etwas behäbig durch die Wüste schreiten. Besonders bei Frust futtert sich der Löwe ein dickes Fell an. Eine Diät baut ihn wieder auf und ist für ihn ein Ansporn, bald wieder in guter Form zu glänzen.

Wenn eine Jungfrau zuviel arbeitet, und das noch im Sitzen, keine Zeit zum Essen hat, nur Zeit zum Naschen, kann es passieren, daß sie sich langsam verformt. Das aber kann sie schlecht ertragen, denn schließlich gehören die Jungfrauen zu den fittesten Vertretern aller Sternzeichen.

DIÄT

Wenig Lust zum Kochen und ständig am Naschen, also bekommt der Löwe eine Diät verschrieben, bei der er wenig am Herd stehen muß und immer etwas zwischendurch knabbern darf. Das ist die Diät für die ganz Bequemen.

Jungfrauen muß man nicht zu einer Diät überreden, sie machen sie. Und zwar für sich, nicht um bei anderen besser anzukommen. Am liebsten essen sie dann nur Leichtes, was wie Balsam wirkt, nichts Scharfes oder Schweres. Empfehlung der Sterne: die leichte Diät.

ALLE STERNE AUF EINEN BLICK

★★★★★★★★★★★★★★★★★★★★★★★★★★★★★★★★★★★★★★

WAAGE

SKORPION

Waage-Frauen achten sehr auf ihr Äußeres, essen eher zuwenig als zuviel. Waage-Männer stört es weniger, wenn der Lack langsam abgeht. Sie muten ihren Körpern viel Streß und Gifte zu, leiden deshalb häufig unter einem Mangel an Vitaminen und Mineralstoffen.

Hat selten ein gutes Verhältnis zum Essen, macht sich auch nicht viel daraus. Beherrscht die Theorie besser als die Praxis. Geht sehr ruppig mit seinem Körper um.

DER TYPISCHE...

Manche Waage-Frauen stochern eher im Essen herum, die Waage-Männer langen schon mal richtig zu. Kochen ist für sie kein Problem, aber durch ihre Unentschlossenheit fällt ihnen häufig nicht ein, was sie essen und was sie kochen sollen.

Manche essen maßlos, manche gar nichts, alles fast bis zur Selbstzerstörung. Sie stehen nicht gern am Herd, kochen macht ihnen keinen Spaß. Es gibt für sie eben Wichtigeres. Skorpion-Partner tun gut daran, selbst zu kochen oder es zu lernen, sonst werden sie gemästet oder verkümmern.

SO ISST UND KOCHT...

Die meisten Waage-Menschen haben eher Kurven als Ecken. Mit zwei Ausnahmen: die disziplinierten, gestreßten, arbeitswütigen Waagen und die »Model-Typen«, Waage-Mädchen, die glauben, daß sie mit etwas Fleisch auf den Knochen nicht mehr schön sind. Nur bei Ruhepausen, die sie ab und zu einlegen, werden sie runder.

Kann ganz dick oder ganz dünn sein. Sie kokettieren mit ihrem manchmal extremen Erscheinungsbild. Machen damit auf sich aufmerksam, signalisieren ihre Hilfsbedürftigkeit. Müssen einmal einen vernünftigen Versuch machen, dann rappeln sie sich gut über die Runden, weil sie den Erfolg spüren.

WAS SAGEN DIE STERNE...

Um die Waage-Menschen innerlich gesund aufzubauen und sie äußerlich zur Ruhe zu zwingen, bekommen sie eine Diät mit vielen Vitaminen und Mineralstoffen und regelrechte Essenspausen zum Entspannen und Genießen verpaßt: die grüne Diät.

Müssen etwas für ihren Körper und ihre gute Laune tun. Viel frisches Obst und Gemüse, gute Grundstoffe. Hebt ihre Stimmung – und dann geht's. Richtig streng verschrieben: die Gute-Laune-Diät.

DIÄT

SCHÜTZE

STEINBOCK

DER TYPISCHE...

Er geht immer ein bißchen über seine Grenzen – auch beim Essen. Er kann unglaublich dick werden. Meistens hält ihn aber sein Hang zur Ruhelosigkeit davon ab.

Ein bißchen spröde sind sie schon, die Steinböcke, Völlerei ist für sie ein Fremdwort. Sie sind meistens eher zu dünn als zu dick.

SO ISST UND KOCHT...

Am guten Essen liegt es nicht, wenn der Schütze gut in Form ist. Er zeigt sich nicht besonders talentiert in der Küche. Schütze-Männer brauchen immer eine Haushälterin, Schütze-Frauen machen sich nicht viel aus dem Haushalt. Wenn es aber darauf ankommt, ist er auf Hochglanz poliert – wenn auch zähneknirschend. Geben hinreißende Feste, machen sich dabei nicht die Finger schmutzig, organisieren sie geschickt – jeder bringt etwas mit.

Kennen sich gut aus, was Nahrungsmittel anbetrifft. Sie wissen immer ganz genau, wo man etwas günstig und wo man die beste Qualität bekommt. Sie können kochen, kochen aber nicht gern. Aber sie kümmern sich um alles, um die Alten und Kranken. Ihre Kinder gehen nicht aus dem Haus ohne Lunchpaket. Es geht aber immer bescheiden zu bei Steinbocks. Edelrestaurants meiden sie, lieber ist ihnen eine Kneipe, wo man ein vernünftiges Essen für wenig Geld bekommt.

WAS SAGEN DIE STERNE...

Sie bleiben nicht durch vernünftiges Essen fit, eher durch Sport. Es gibt keine Sportart, die der Schütze nicht schon ausprobiert hat. Wenn er dick wird, dann nur deshalb, weil er aufgehört hat, sich zu bewegen. Das sind die Schützen, die sich nicht auf dem Tennisplatz verausgaben, sondern am Schreibtisch.

Sie essen eher zuwenig als zuviel. Sie müssen nicht abgepäppelt, eher aufgepäppelt werden. Viele machen noch einen Fehler: Sie trinken viel zuwenig.

DIÄT

Weil die Schützen sich so viel in der Weltgeschichte herumtummeln, bekommen sie die »internationale« Diät, die sie an ihre vielen Reisen erinnert.

Steinböcke müssen eine einfache Ernährung bekommen, in der alles enthalten ist, was sie brauchen. Sie bekommen die herzhafte Diät – handfest, gesund und bestimmt nicht teuer.

ALLE STERNE AUF EINEN BLICK

ASTRO-DIÄT

★★

WASSERMANN

Konzentriert sich selten aufs Essen. Experimentiert viel, probiert leidenschaftlich gern neue Gerichte, neue Stilrichtungen aus. Ißt selten wahllos drauflos.

Ernährt sich grundsätzlich ziemlich vernünftig. Kocht phantasievoll. Guter Gastgeber, ißt aber auch mal gern auswärts, geht geschickt mit dem Essen in Restaurants und Kantinen um. Hat nicht immer Stromlinienform, macht sich deshalb nicht verrückt.

Zieht erst die Notbremse, wenn ihm die Pfunde über den Kopf wachsen. Hält keine Diät konsequent durch, kommt dennoch irgendwie zum Ziel. Hat auch immer Spielraum in seinem Gewicht. Baut sich in seine Diät ein bißchen Luxus ein.

Ißt gern warm. Zwischenmahlzeiten mag er auch warm, z. B. Süppchen oder Gemüsegerichte. Kleine, luxuriöse Portionen. Allesesser von hoher Qualität. Er bekommt die Luxus-Diät.

FISCHE

Es gibt zwei Typen. Der chaotische Fisch: ißt und trinkt zuviel, malträtiert seinen Körper. Der asketische Fisch: der ist bereits durch Schaden klug geworden, ernährt sich vorsichtig.

Der chaotische Fisch hat überhaupt die schlechtesten Eßgewohnheiten und keinen Stil, kann dick werden. Hält sich an Standardgerichte, aber an die in größeren Mengen. Überschlägt sich nicht mit seiner Kocherei, ist aber ein gemütlicher Gastgeber. Der asketische Typ ernährt sich sehr spärlich, aber grundsätzlich nicht schlecht.

Der asketische Typ braucht nichts zu befürchten, er bekommt keine Probleme. Der Chaos-Fisch merkt viel zu spät, wenn er zu dick geworden ist. Dann will er am liebsten eine Wunderkur, aber die auch nicht lange. Bei ihm hilft nur Geduld und Gelassenheit, Schritt für Schritt und ein gutes Ernährungsprogramm.

Der asketische Typ geht leer aus, den muß man nicht mit klugen Ratschlägen quälen. Der Chaos-Fisch muß das 1x1 der gesunden Ernährung lernen. Über ausgesuchte Zutaten und richtige Mengen kann er sich zu einem vernünftigen Esser entwickeln. Er macht einen Kursus in der Eßschule und bekommt die Baukasten-Diät verordnet.

DER TYPISCHE…

SO ISST UND KOCHT…

WAS SAGEN DIE STERNE…

DIÄT

21. MÄRZ BIS 20. APRIL

DER TYPISCHE WIDDER

PERSÖNLICHKEIT

*Idealistisch,
kühn,
optimistisch,
energisch,
kraftvoll,
dreist,
scharfsinnig,
enthusiastisch,
schöpferisch,
heißblütig,
leidenschaftlich,
elementar,
spontan,
dynamisch,
direkt,
unbeirrbar.*

ORGANISATION

*Lebt von einem
Moment zum anderen.*

ERNÄHRUNG

*Er ißt gern und
üppig, nimmt sich
aber selten Zeit dafür.*

»Mein Wille geschehe!« ist die Devise vom Widder. Was er will, bekommt er. Entweder ist er schneller, hartnäckiger oder geschickter als andere. Oder er macht so lange Theater, bis ein normaler Sterblicher nach Luft japst und das Handtuch wirft. Seine Bedürfnisse kommen zuerst. Beim Buchstabieren von »Rücksicht« hat er schon Schwierigkeiten. Er hat so ein bißchen Ähnlichkeit mit einer Dampfwalze.

ZIEMLICH RABIAT, ABER ZART BESAITET

Der Widder ist manchmal ziemlich skrupellos und tritt anderen Leuten gern auf die Füße. Aber verletzen will er dabei niemand. Ein echtes Problem ist seine Unruhe. Geht irgend etwas nicht schnell genug, oder empfindet er sein Leben nicht mehr als spannend und abwechslungsreich, dann setzt er sich selbst unter Druck. Er lebt in einem ständigen Zweikampf mit der Zeit. Eine ruhigere Gangart würde ihm ganz gut bekommen. Aber dieser Rabauke, der auch gern einmal

einen heftigen Streit vom Zaun bricht, egal mit wem – auch mit Verkehrspolizisten –, diese Kämpfernatur ist höchst sensibel. Andere kann er mit Worten niedermachen. Bekommt er aber Kontra, reagiert er wie ein kleines Kind und zieht sich schmollend und zutiefst beleidigt zurück. Schwer für ihn, den Mittelweg zu finden, zwischen seiner rauhen Schale und seiner Verletzlichkeit.

FÄLLT OFT AUF DIE NASE UND IMMER WIEDER AUF DIE FÜSSE

Nach einem Reinfall schüttelt er sich einmal kräftig und wird es noch einmal versuchen. Er zeigt keine Schwäche. Er braucht keine komplizierten Strategien, sein ausgeprägtes Selbstbewußtsein und seine Zielstrebigkeit sind seine Wegweiser. Er ist einfach von einer entwaffnenden Naivität, glasklar, nie verschlagen, für andere gut durchschaubar. Das macht ihn wiederum so sympathisch und für viele zu einem guten Freund.

DAS SAGEN DIE STERNE ZU SEINEN PFUNDEN

★★★★★★★★★★★★★★★★★★★★★★★★★★★★★★★★★★★★  **WIDDER**

Ein wohlbeleibter Widder ist eine Seltenheit. Hat er doch nie Zeit zum Essen, schon gar nicht in Ruhe. Nur wenn er durch irgendwelche Umstände seine Kämpfernatur verloren hat, wird aus dem kühnen Widder ein braves Schaf. Dann geht er aus dem Leim, weil er mehr ißt und trinkt, als ihm guttut, und weil er sich weniger bewegt, als er müßte.

KEINE KUR OHNE KICK

Eine trockene Brötchenkur bringt gar nichts (siehe Helmut Kohl, 64, Widder und Bundeskanzler). Damit kann man einem richtigen Widder wirklich nicht kommen. Auch in »schweren« Lagen braucht er die Herausforderung. Selbst eine Abnahmekur muß für ihn einen Kick haben. Er muß angestachelt werden, erst dann hat er den richtigen Biß und kniet sich mit regelrechtem Enthusiasmus hinein − sogar in eine Entfettungsstrategie. Und die muß außer Vorschriften auch noch Platz lassen für neue Erkenntnisse.

ÄNDERT WILLIG SEINEN KOCH- UND ESS-STIL

Wenn eine Diät damit verbunden ist, daß der Widder mitdenken und daraus lernen kann, bringt er es sogar beim Abnehmen zu einer gewissen Virtuosität. Zielstrebig beschäftigt er sich mit seinem neuen Eßstil, fängt an, sich für die Hintergründe und Zusammenhänge zu interessieren, entwickelt sich fast zu einem Ernährungsexperten. Er beginnt, sich über magere Zubereitungsformen und gesunde Zutaten zu informieren, ändert willig seinen Koch- und Eßstil, findet es auch völlig in Ordnung, auf Fettes zu verzichten und dafür mehr Gemüse zu essen. Je scharfsinniger er ans Werk geht, je mehr er seinen Verstand dabei einsetzt, desto schneller purzeln seine Pfunde. Das Gute daran: Er setzt auf den Erfolg und kalkuliert nicht von vornherein ein, daß er das nun jedes Jahr wieder machen muß. Für ihn ist das eine einmalige Korrektur an seinem Körper. Das beflügelt ihn so stark, daß er wieder ein richtiger Widder wird.

SO ISST UND KOCHT DER WIDDER

Er hat ziemlich schlampige Eßgewohnheiten. Nur selten nimmt er sich die Zeit, seine Mahlzeiten so richtig zu genießen. Er ißt hastig, kaut kaum, schluckt – weg ist der Bissen. Schon wendet er sich einem anderen Thema zu. Vermutlich merkt er gar nicht, was er auf dem Teller hatte, dafür kann er Ihnen den Inhalt der Zeitung erzählen, die er beim Essen gelesen hat. Ein Widder hat beim Essen auch gern jemand dabei, mit dem er sich unterhalten kann. Natürlich weiß er hinterher kaum noch ... siehe oben. Sozusagen ein zerstreuter Esser. Er ißt häufig im Stehen und zwischen Tür und Angel. Und manchmal ißt er gar nichts, weil er keine Zeit hat. Vielleicht der Grund dafür, daß Widder meistens schlank sind.

KAUM ZU GLAUBEN: ER ISST GERN UND GUT

Nun könnte man meinen, der Widder mache sich nichts aus Essen. Das Gegenteil ist der Fall. Er ißt ausgesprochen gern. Das Größte für ihn ist, in einem gemütlichen Restaurant zusammen mit lauter netten Freunden zu sitzen – und Zeit zu haben. Das ist für ihn jedes Mal etwas Besonderes. Mit der Speisekarte geht er sehr bodenständig um – genauso wie mit dem Personal, das er ungeniert anblaffen kann, wenn das Essen nicht schnell oder nicht heiß genug auf den Tisch kommt. Achtung! Gehen Sie in Deckung oder tun Sie dann so, als gehörten Sie einfach nicht dazu. Aus der Speisekarte sucht er sich Deftiges aus, besonders herzhafte Fleischgerichte. Hin und wieder probiert er aber auch etwas Neues aus.

ER KOCHT NICHT GERN

Wenn man einen Architekten beauftragen müßte, einem Widder eine Küche einzurichten, müßte man ihn auch beauftragen, gleich eine große Anzahl an Restaurants in seiner Umgebung mitzubauen. Die Küche kann klitzeklein sein, dort muß nur Platz für eine Bratpfanne und eine Mikrowelle sein, das genügt bereits.

SO ISST UND KOCHT DER WIDDER

★ ★

WIDDER

GUTER KUNDE BEIM PARTYSERVICE

Wenn Sie beim Widder eingeladen sind, brauchen Sie keine Angst zu haben. Er probiert seine mickrigen Kochkünste nicht an Ihnen aus. Es sei denn, dieser Widder ist ein Mann und lädt Sie zu einem Candlelight-Dinner ein, und zwar nur Sie. Dann kann es passieren, daß er sich zu einer eigenen Handarbeit durchringt in Form eines Steaks mit Tomatensauce oder einem Zwiebelrostbraten (Rezepte von Mama). Wenn ein Widder viele Gäste einlädt, erwarten Sie nicht, daß er sich die Schürze umbindet und den großen Kochlöffel schwingt. Er wird den Partyservice alarmieren.

VORSICHT VOR WIDDER-MÄNNERN!

Da Widder-Männer noch weniger gern am Herd stehen als Widder-Frauen, sollte das allen Frauen zu denken geben. Wenn Sie einem Widder-Mann in die Hände fallen, finden Sie sich sehr schnell in seiner Küche wieder. Dort dürfen Sie Ihre »Vormachtstellung« am Herd unter Beweis stellen, ob Sie wollen oder nicht.

FLUCHTROUTE: RESTAURANT

An keinem verdient die Gastronomie so viel wie an Widdern. Und weil sie so häufig auswärts essen, sind ihre Restaurants einfach und gut, selten ausgefallen und teuer. Es kann auch mal eine Fast-Food-Kiste sein. Widder kennen all die kleinen und preiswerten Restaurants in ihrer Umgebung und bei ihrem Arbeitsplatz. Das Dilemma: Diese Art von Restaurants kocht immer noch ziemlich altmodisch, fett und üppig. Stammkunden können sich leicht ein paar Kilo zuviel anfuttern. Über Jahre summiert sich das. Und da Widder so wenig selbst kochen oder überhaupt nicht doll kochen können, verlassen sie sich auf diese Art von Ernährung. Das Ergebnis: Sie selbst haben nicht viel Ahnung vom Essen und Kochen, können nicht zwischen Gut und Böse unterscheiden, malträtieren ihren Körper. Die Lösung: Selber kochen macht weniger fett!

23

DIE WIDDER-DIÄT

Widder sollten sich mehr Ruhe und Zeit gönnen, um ihre Ernährung selbst in die Hand zu nehmen. Sie müssen ja nicht gleich alles können und beherrschen, sie können Schritt für Schritt vorgehen. Wichtig ist, daß ihr »deutscher« Geschmack berücksichtigt wird. Also keine exotischen Gerichte, sondern hübsch treudeutsch mit fettarmem Pfiff. Auch die Mengen dürfen nicht sichtbar reduziert werden. Oberste Devise: Auch eine Abnahmekur muß noch Ähnlichkeit mit der gewohnten Ernährung haben. Sonst geht gar nichts – und schon gar nichts von den Pfunden runter.

MODERNERE GERICHTE UND KLEINERE PORTIONEN

Die erste Übung sollte darin bestehen, sich mit kleineren Fleischportionen zu begnügen. Es muß nicht das Kotelett sein, das rechts und links über den Teller hängt. Dazu noch die Riesenportion Mayonnaisensalat, in der man nur ein paar Kartoffelstückchen entdeckt. Hier ist weniger mehr, und Sie werden dennoch satt – versprochen! Beispiel: Mayonnaisensalat. Kann man machen, sieht auch aus wie ein fetter Mayonnaisensalat, schmeckt auch so, ist aber längst nicht so fett wie der herkömmliche. Auch Fleisch steht auf dem Programm. Muß aber nicht immer Tellergröße haben. Geschnetzelt gibt es viel mehr her und weniger auf die Rippen. Bei den Beilagen muß sich der Widder nicht zurückhalten. Es gibt Kartoffeln, Reis und Nudeln, so wie er es gewöhnt ist. Was er vielleicht nicht weiß, diese kohlenhydrathaltigen Lebensmittel sind nach den neuesten wissenschaftlichen Erkenntnissen keine Dickmacher. Es ist das Fett, was fett macht. Außerdem ist noch wichtig, daß er die Mengen, die er vielleicht haben muß, durch eine Vielzahl von Salaten und Gemüsebeilagen bekommt. Das sind die wenigen Tricks, die der Widder kennen sollte – dann geht's bereits bergab mit den Pfunden und bergauf mit der guten Laune.

DIE WIDDER-DIÄT

FRÜHSTÜCK

Ein Widder kann sich nicht radikal umstellen. Wenn er morgens gern Wurst ißt, kann man ihm nicht Müsli einreden. Da streikt er. So kommt man nicht weiter. Also, ein Widder-Wurstbrotesser soll seine Wurst haben mit einer Einschränkung: Ein Wurstbrötchen reicht. Wenn er hinterher noch einen Apfel oder eine Banane ißt, ist er schon ein guter Wurstbrotesser. Das gleiche gilt für den Käsebrotesser und den Marmeladenbrotesser. Alle Widder sollten beim Frühstück zu anderen Sternzeichen schielen, dort finden sie eine Reihe von Vorschlägen fürs Frühstück, die den Widdern vielleicht doch lieber sind als ihre Wurst-, Käse- oder Marmeladenbrote. Vor allem finden sie Verbesserungsvorschläge für ihre Wurstbrote oder -brötchen.

MITTAGESSEN

In der deutschen Diät findet der Widder seine Lieblingsgerichte wieder, herzhaft und deftig, nur in entschärfter Form. Also weniger Fleisch, dafür mehr Gemüse und Kartoffeln, Reis oder Nudeln. Modernere Zubereitungsformen, schneller als die, die sie noch von ihren Müttern kennen, weniger Fett, kürzere Garzeiten, einfach unkomplizierter – und das ist es schon. Rezeptbeispiele – richtige Widder-Klassiker – stehen auf den Seiten 26 bis 29.

ABENDESSEN

Der Widder ißt, weil's so praktisch ist, abends gern kalt, mit Vorliebe Brot. Außer Brot gibt es aber auch noch andere Abendessen, die wenig Arbeit machen. Vorschläge finden Sie auf den Seiten 30 und 31.

DER RESTAURANT-TIP

Zu kleineren Fleischstücken greifen, Kräuterbutter und fette Saucen weglassen, viel Salat und Gemüse essen, keine Zurückhaltung bei Kartoffeln, Reis oder Nudeln üben. Salat, wenn möglich mit einem Joghurt-Dressing, sonst mit Essig und Öl, aber selbst dosiert. Weitere Anregungen entdecken Sie unter den nun folgenden Rezepten.

DIE WIDDER-DIÄT

★★

Tip

Salatcreme ist die
magere Form von
Mayonnaise.

Tip

Es gibt jetzt auch
Wiener Würstchen aus
Hähnchenfleisch. Die
sind magerer und
enthalten kein
Cholesterin. Bekommen
Sie am besten am
Geflügelstand auf dem
Markt oder in den
Geflügelabteilungen
der Supermärkte.

Tip

Schweine werden in
den letzten Jahren viel
magerer gezüchtet als
früher. Also, Schweine-
fleisch ist in der
gesunden Ernährung
kein Tabu. Es enthält
B-Vitamine, wichtig fürs
Nervensystem und die
Blutbildung. Nehmen
Sie nicht die dicken
Koteletts, lassen Sie
sich zwei dünne Schei-
ben vom Schlachter
schneiden.

Tip

Paniermehl gibt es fix
und fertig, mit Ei und
allen Gewürzen (Knorr).

KARTOFFELSALAT
MIT WÜRSTCHEN

2 EL Salatcreme
1 EL Gurkenwasser oder Weinessig
Salz
Pfeffer
1 TL Zucker
1 Stück grüne Gurke
1 Zwiebel
½ Bund Radieschen
3 gekochte Kartoffeln
2 Wiener Würstchen
2 TL Senf

1. Salatcreme mit Gurkenwasser oder Weinessig, Salz, Pfeffer und Zucker verrühren.
2. Gurke und Zwiebel würfeln, Radieschen und Kartoffeln in Scheiben schneiden. In die Salatsauce geben, einmal gut mischen und eine Weile ziehen lassen.
3. Die Würstchen in der Mikrowelle 2 Min. bei mittlerer Leistung oder im Wasserbad erwärmen.
4. Kartoffelsalat auf einen Teller häufen. Die Würstchen mit einem Klecks Senf daneben anrichten.

KOTELETTS MIT
WARMEM KARTOFFELSALAT

3 gekochte Kartoffeln
1 Zwiebel
½ Tasse Brühe (Instant)
2 EL Öl
1 EL Weinessig
Salz
Pfeffer
1 TL Zucker
2 kleine Schweinekoteletts (150 g)
2 EL Paniermehl (Fertigprodukt)
2 Zitronenschnitze

1. Kartoffeln in Scheiben, Zwiebel in Würfel schneiden.
2. Brühe mit 1 EL Öl, Essig, Salz, Pfeffer und Zucker verrühren. Über Kartoffeln und Zwiebeln gießen und in der Mikrowelle oder im Topf kurz erhitzen, ziehen lassen.
3. Koteletts abspülen und tropfnaß im Paniermehl wenden. In einer beschichteten Pfanne 1 EL Öl erhitzen und die Koteletts darin auf beiden Seiten goldbraun braten.
4. Die Koteletts mit Zitronenschnitzen neben dem Salat anrichten.

DIE WIDDER-DIÄT

★★

RUMPSTEAK MIT CHAMPIGNONS À LA CRÈME UND RÖSTKARTOFFELN

150 g Champignons
3 Frühlingszwiebeln
3 gekochte Kartoffeln
1 EL Crème fraîche
2 EL Wasser
1 Msp. Instant-Brühe
einige Tropfen Öl
Salz, Pfeffer
einige Tropfen Zitronensaft
1 EL gehackte Petersilie
1 Rumpsteak (150 g)

1. Champignons in Scheiben, Frühlingszwiebeln in Ringe, Kartoffeln in Würfel schneiden.
2. In einer Tasse eine Sauce aus Crème fraîche, Wasser und Instant-Brühe rühren.
3. Eine beschichtete Pfanne erhitzen und mit Öl auswischen (Küchenkrepp). In dem einen Teil der Pfanne die Kartoffeln, in dem anderen Teil Champignons und Zwiebeln anrösten. Die Kartoffeln mit Salz und Pfeffer würzen und warm stellen.

4. Die Champignons mit Zitronensaft, Salz und Pfeffer würzen. Die Sauce hinzugießen und einmal aufkochen. Mit Petersilie bestreuen. Die Champignons neben den Röstkartoffeln warm stellen.
5. Die Pfanne mit Küchenkrepp reinigen und mit Öl auswischen. Das Rumpsteak auf jeder Seite 1 Minute scharf anbraten. Auf jeder Seite 3 bis 4 Minuten weiterbraten. Mit Salz und Pfeffer würzen, neben die Champignons und die Röstkartoffeln legen.

Tip
Statt Rumpsteak können Sie auch andere Fleischsorten nehmen: Rinder- oder Schweinefilet, Huftsteak, Putenschnitzel oder Hähnchenbrust. Statt Champignons – übrigens schmecken die braunen besser als die weißen – können Sie in der Saison auch edle Waldpilze, wie z. B. Pfifferlinge oder Steinpilze, nehmen.

DIE WIDDER-DIÄT

★★★★★★★★★★★★★★★★★★★★★★★★★★★★★★★★★★★★★★

Tip
*Statt seines geliebten
Zwiebelrostbratens
sollte der Widder
einmal dieses
Lammragout
ausprobieren. Läßt sich
auch mit anderen
Fleischsorten
zubereiten, wie z. B.
Rinder- oder
Schweinefilet,
Huftsteak, Schweine-
oder Putenschnitzel.*

LAMMRAGOUT

3 Kartoffeln
Salz
1 Scheibe Lammkeule mit Knochen (ca. 200 g, ca. 150 g Fleischanteil)
3 Zwiebeln
1 EL Öl
1 Tasse Wasser
1 Lorbeerblatt
½ TL Kümmel
½ TL getrockneter Rosmarin
Pfeffer aus der Mühle
3 Gewürzgurken
1 EL Crème fraîche

1. Kartoffeln schälen, in Schnitze schneiden und in Salzwasser garen.

2. Den Knochen aus dem Fleisch lösen. Vom Fleisch alles sichtbare Fett entfernen. Das Fleisch und die Zwiebeln grob würfeln.

3. In einem Topf Öl erhitzen, das Fleisch zusammen mit dem Knochen scharf anbraten. Die Zwiebelwürfel zugeben. Immer wieder gut umrühren.

4. Wasser bereitstellen. Wenn die Fleischwürfel und Zwiebeln richtig schön braun sind, mit Lorbeerblatt, Kümmel, Rosmarin, Salz und Pfeffer würzen. Hitze herunterschalten und ¼ Tasse Wasser zugeben. Zugedeckt köcheln lassen. Nach und nach das Wasser aus der Tasse zugießen.

5. Nach 20 Minuten probieren, ob das Fleisch weich ist. Sonst weiterköcheln lassen und Wasser nachgießen, der Topfboden muß immer reichlich mit Flüssigkeit bedeckt sein.

6. In der Zwischenzeit die Gewürzgurken schräg in Scheiben schneiden. Wenn das Fleisch zart genug ist, den Knochen herausnehmen. Crème fraîche in die Sauce rühren, die Gurkenscheiben zugeben. Alles kurz erhitzen und neben den Salzkartoffeln anrichten.

DIE WIDDER-DIÄT

MITTAGESSEN

BOHNENEINTOPF

3 Kartoffeln
150 g grüne Bohnen oder
1 kleines Paket TK-Bohnen
100 g Corned beef
(1 dicke Scheibe)
1 ½ Tassen Wasser
1 TL Instant-Brühe
½ TL getrockneter Majoran
Salz
Pfeffer aus der Mühle

1. Kartoffeln schälen und würfeln. Bohnen putzen und in 3 cm lange Stücke schneiden. Das Corned beef grob würfeln.
2. Kartoffelwürfel in dem Wasser zusammen mit der Instant-Brühe kochen. Nach 15 Minuten die Bohnen hinzugeben und 10 Minuten weiterköcheln lassen.
3. Kurz vor Schluß das Corned beef zugeben, kurz erhitzen und gut umrühren. Mit Majoran würzen, eventuell mit Salz und Pfeffer abschmecken.

LAUCHEINTOPF

3 gekochte Kartoffeln
1 Stange Lauch
½ Tasse Wasser
½ TL Instant-Brühe
1 EL Crème fraîche
2 EL Senf
Salz, Pfeffer
1 Geflügelbratwurst
einige Tropfen Öl

1. Kartoffeln pellen und kleinschneiden. Lauch in Ringe schneiden. Kartoffeln und Lauch in einen Topf oder in eine Pfanne geben.
2. In einer Tasse das Wasser, Instant-Brühe, Crème fraîche und Senf verrühren und zum Gemüse geben. Alles gut mischen und 3 Minuten köcheln lassen. Dabei gelegentlich umrühren. Eventuell mit Salz und Pfeffer abschmecken.
3. In der Zwischenzeit die Bratwurst in Scheiben schneiden. In einer beschichteten Pfanne mit etwas Öl anrösten.
4. Die Suppe in einer Suppenschale anrichten und die Wurstscheiben darauf verteilen.

Tip
Das sind zwei schnelle Eintöpfe, die selbst ein Widder mit zwei linken Händen noch zustande bringt.

Tip
Wenn Sie Pellkartoffeln kochen, kochen Sie gleich ein paar mehr mit (3 Stück für ein Gericht). Stellen Sie sie nach dem Abkühlen in den Kühlschrank. Sie halten sich dort gut zwei Tage. Daraus können Sie sich schnell einen Eintopf, wie z. B. den Laucheintopf, oder ein Pfannengericht zaubern.

DIE WIDDER-DIÄT

★★★★★★★★★★★★★★★★★★★★★★★★★★★★★★★★★★★★★★★

Tip
*Grundrezept für
Cremesuppen:
1 ½ Tassen Wasser,
1 Kartoffel,
1 Portion Gemüse.
Alles weich kochen und
mit dem Schneidstab
oder im Mixer pürieren.
Mit Kräutern und Ge-
würzen abschmecken.
Eventuell mit 1 EL
Crème fraîche
verfeinern.
Zum Schluß etwas
knackiges Gemüse und
gerösteten Schinken
oder Würstchenschei-
ben darauf verteilen.
Cremesuppen kann
man auch schnell in der
Mikrowelle zubereiten.*

KARTOFFELSUPPE MIT WÜRSTCHEN

1 Kartoffel
1 Stange Lauch
1 Päckchen TK-Suppengrün
1 ½ Tassen Wasser
1 TL Instant-Brühe
½ Schinkenwürstchen oder
1 Wiener Würstchen
1 Frühlingszwiebel
1 TL Butter oder Margarine
Selleriesalz
(wenn Sie haben, sonst Salz)
Pfeffer aus der Mühle
2 Scheiben Vollkornbrot

1. Kartoffel schälen und würfeln.
Lauch in dünne Ringe schneiden.
Beides zusammen mit dem Sup-
pengrün in dem Wasser mit Instant-
Brühe weich kochen. Zwischendurch umrühren.
2. In der Zwischenzeit das Würstchen und die Frühlingszwiebel in
dünne Scheiben schneiden. Beides
in einer beschichteten Pfanne mit
Butter oder Margarine anrösten
und warm halten.
3. Die Suppe mit einem Schneidstab pürieren, eventuell etwas
Wasser nachgießen. Mit Selleriesalz und Pfeffer abschmecken.
Noch einmal kurz erhitzen.
4. Die Suppe in eine Suppenschale füllen. Die Würstchenscheiben
und Zwiebelringe darauf verteilen.
Dazu gibt es Vollkornbrot.

30

DIE WIDDER-DIÄT

★★

BRATKARTOFFELN MIT SÜLZE
Foto Seite 18 und 19

3 gekochte Kartoffeln
1 Frühlingszwiebel
Salz, Pfeffer
1 TL Butter oder Margarine
2 Scheiben Rindfleisch- oder Geflügelsülze
2 TL Remoulade (Tube)
1 Portion Salat (Kopfsalat, Tomaten, grüne Gurke, Radieschen)
2 EL Magermilchjoghurt
2 EL Tomatenketchup
2 EL Wasser
1 EL gehackter Dill

1. Kartoffeln pellen. Kartoffeln und Frühlingszwiebeln in Scheiben schneiden. Eine beschichtete Pfanne erhitzen. Die Kartoffeln darin hellbraun anrösten. Die Frühlingszwiebeln zugeben. Mit Salz und Pfeffer würzen. Butter oder Margarine zugeben und die Kartoffeln hellbraun fertig braten.

2. Die Bratkartoffeln auf einen Teller legen. Die Sülze daneben anrichten, einen Klecks Remoulade daraufsetzen.

3. Dazu gibt es einen bunten Salat mit einer Sauce aus Joghurt, Ketchup, Wasser, Salz, Pfeffer und Dill.

DAS SCHNELLE BROT MIT SALAT
Für alle, die keine Lust zum Kochen haben

2 Scheiben Vollkornbrot
1 EL Remoulade
einige Salatblätter
2 Scheiben Aufschnitt (Sülze, Corned beef, Braten, Kasseler oder geräucherte Putenbrust)
1 Gewürzgurke
1 Portion Salat und Salatsauce

1. Die Brote mit Remoulade bestreichen, Salatblätter und den Aufschnitt darauflegen.

2. Die Gewürzgurke in dünne Scheiben schneiden und auf den Broten verteilen.

3. Dazu gibt es einen Salat wie zu den »Bratkartoffeln mit Sülze«.

Tip

Bratkartoffeln gelingen besonders fettarm, wenn man sie zunächst »trocken« in einer beschichteten Pfanne anbrät, bis sie hellbraun sind. Dann erst 1 TL Butter oder Margarine zugeben und goldbraun zu Ende braten. Sie haben dann keine Gelegenheit, sich mit Fett vollzusaugen.

Tip

Als Fleischbeilage zu den Bratkartoffeln eignen sich außer Sülze auch 2 Scheiben Roastbeef, Corned beef, magerer Schweinebraten oder Kasseler, geräucherte Putenbrust.

EXTRAS
- *Obst*
- *rohes Gemüse*
- *Brot mit Quark oder Frischkäse und Gurken-, Tomaten- oder Radieschenscheiben und Kräutern*
- *Cremesuppen ohne Würstchen oder Fleisch*
- *Salate mit Joghurtsauce*

DER STIER

DER TYPISCHE STIER

PERSÖNLICHKEIT

*Lebensfroh,
sachlich,
pragmatisch,
schlau,
gutmütig,
sinnlich,
anhänglich,
treu,
gemütlich,
natürlich,
manchmal gewalttätig
und stur.*

ORGANISATION

*Bedächtig,
geduldig,
praktisch.
Bewältigt vieles mit
Ausdauer.*

ERNÄHRUNG

*Häuslich,
genießerisch.
Ißt gern, je nach
Geldbeutel einfach
oder aufwendig,
guter Gastgeber.*

Stiere kommen zur schönsten Jahreszeit zur Welt: Die Natur lebt im Überfluß, alles blüht und gedeiht. Diesen Reichtum an Genuß vergißt ein echter Stier nie. Sein ganzes Leben lang träumt er vom Paradies auf Erden, und das ist sein Heim und sein Herd. Wenn sein Leben nach seinen Vorstellungen verläuft, ist er ein ausgesprochen friedliches Haustier.

BRAUCHT SEIN DICKES FELL

Stiere essen gern und gut und haben auf diese Weise ein angefuttertes dickes Fell, das brauchen sie als Panzer. Alles prallt an ihnen ab: Streß, Ärger und Unannehmlichkeiten. Und so bringen sie es im Durchschnitt nur auf drei Wutausbrüche im Jahr, aber dann ... rette sich, wer kann! Ansonsten sind sie die Ruhe selbst, fast störrisch. Wer ihre Zuneigung gewinnen will, muß viel Geduld aufbringen, sie kraulen und verwöhnen. Der Stier stürmt selten vorwärts, er möchte seine Ruhe haben. Und wenn Sie ihn nicht

stören, zeigt er sich von seiner friedlichsten Seite, als guter, verläßlicher Freund und Partner.

VERNÜNFTIGES VERHÄLTNIS ZUM GELD

Nicht jeder Stier wird steinreich, aber auch nie bettelarm. Er hat ein gesundes Verhältnis zum Geld, er ist aber nicht geizig. Freunden in Not wird er immer helfen. Geld bedeutet für ihn Sicherheit.

ARBEITET GERN UND VIEL

Ein Stier verliert nie die Lust zum Arbeiten. Stundenlang kann er im Einsatz sein, ohne zu stöhnen. Kollegen sind oft sauer auf ihn, weil sie bei diesem Dauerlauf selten mithalten können. Stiere sollten überlegen, ob sie sich nicht selbständig machen sollten. Sie bringen die besten Voraussetzungen mit: Ausdauer und Überzeugungskraft bis hin zur Sturheit – auch im Verhältnis zu ihren Mitarbeitern, praktisches Denken, kluger Umgang mit Geld, gute Planung und ein hohes Maß an Selbstdisziplin.

DAS SAGEN DIE STERNE
ZU SEINEN PFUNDEN

★★★★★★★★★★★★★★★★★★★★★★★★★★★★★★★★★★★★★★★ **STIER**

Manche behaupten, Stiere hätten empfindlichere Geschmacksnerven als andere Menschen. Böse Zungen behaupten, sie hätten nur einen größeren Schlund und einen größeren Magen. Sie nehmen nicht so schnell wie andere Leute zu. Fest steht: Sie essen für ihr Leben gern. Ein Stier ohne ein paar Überpfunde ist fast undenkbar, es sei denn, seine Eltern haben ihm schon frühzeitig Maßhalten beigebracht, oder er ist so etwas Ähnliches wie ein Zehnkämpfer. Das muß nicht unbedingt etwas mit Sport zu tun haben, das kann auch viel Arbeit sein, die ihn schlank hält. Der Regelfall ist: Der Stier ißt zuviel und bewegt sich zuwenig. Und irgendwann passiert's dann: Die nächstgrößere Kleidergröße muß her. Bevor er sich das aber antut, setzt er seine Disziplin ein und leistet Verzicht.
Da übertreibt er oft maßlos, nimmt rasant ab, freut sich über seine wiedergewonnene Stromlinienform und verfällt anschließend in sein altes Übermaß (in jeder Beziehung).

DER YO-YO-EFFEKT

Der Stier muß begreifen, daß er so dem Yo-yo-Effekt Vorschub leistet. Das Gewicht geht rauf und runter. Er muß einsehen, daß es kein »Vor« und »Nach« der Diät gibt. Etwas mehr Mäßigung im Dauerbetrieb ist die Lösung. Nämlich jedes Mal, wenn er seinem Körper solche Zwangsmaßnahmen antut, denkt der Körper: »Hallo, hier geht das Sparprogramm ab!« und zieht sogar aus dem letzten Salatblatt noch Kalorien. Und wenn die Nahrung wieder auf "normal" umgeschaltet wird, nachdem die überflüssigen Pfunde gerade verschwunden sind, nutzt er diese Nahrung aus wie beim Sparprogramm. Dann nehmen nicht nur Stiere fast explosionsartig wieder zu. Das ist das Problem einer jeden Crashdiät, hilft auf Dauer nie!!! Da gibt es nur eins: eine generelle Umprogrammierung. Immer ein bißchen weniger, als man's gerne hätte, immer ein bißchen gesünder und ganz regelmäßig.

SO ISST UND KOCHT
DER STIER

★★★★★★★★★★★★★★★★★★★★★★★★★★★★★★★★★★

Er schwelgt im Überfluß, der Stier. Hier ein Häppchen, dort mal mit dem Finger in die Sauce, schnell noch eine Scheibe von dem feinen gekochten Schinken, einen Drink – alles vor dem Abendessen. Dann geht's erst richtig los. Ein Genießer, wie er im Buche steht. Eine Wonne, für ihn zu kochen, ein Vergnügen, bei ihm eingeladen zu sein.

ES MUSS NICHT KAVIAR SEIN

Stiere können gut rechnen. Deshalb wird auf ihrem Partybuffet kaum Kaviar zu finden sein. Dafür aber deftige Würste, Schinken, alle möglichen Käsesorten, ein würziger Auflauf, eine kräftige Suppe, Getränke in allen Variationen – nie werden Sie bei einem Stier verhungern. Im Gegenteil. Feste bei ihm sind üppig und ausgelassen, Gäste gehen erst in den frühen Morgenstunden und schwärmen noch Monate später von dem Ereignis. Aber solange braucht's nicht, die nächste Party hat längst stattgefunden. Stiere sind sehr gastfreundlich und lassen keine Gele-

genheit aus, nette Freunde um sich herum zu scharen. Es wird gesungen, richtiger Quatsch gemacht, Limmericks und Gedichte vorgetragen. Silvester hat sicherlich einer für ein lebendiges Glücksschwein gesorgt und ein anderer für die Böller. Zur allergrößten Freude von Jungfrau-Nachbarn, die sich nicht scheuen, die Polizei zu rufen, weil sie sich in ihrer Nachtruhe gestört fühlen. Und das mit der Polizei kriegt der Stier auch noch lässig hin. In seiner Unbekümmertheit ist er einfach unwiderstehlich. Stur wie er ist, würde er auch darauf bestehen, daß er Silvester Krach machen darf und andere das akzeptieren müssen.

GUTE HAUSFRAUEN

Stier-Frauen sind gute Hausfrauen. Nicht, daß sie sich für ihren Haushalt totmachen. Nein, sie haben es gelernt, mit Organisation und Planung ihren Haushalt im Griff zu haben. Sie nutzen die Technik. Die Gefriertruhe ist immer gut bestückt – für alle Gelegenheiten. Nie würden sie bei Überra-

SO ISST UND KOCHT
DER STIER

★★★★★★★★★★★★★★★★★★★★★★★★★★★★★★★★★

schungsbesuch in Panik geraten. Wenn ihre Partner hungrig nach Hause kommen − eher als erwartet −, gibt's keinen Streß. Das Süppchen wird schnell in der Mikrowelle heiß gemacht und bei einem Wein auf dem Sofa genossen, bis das eigentliche Essen fertig ist. Macht auch nichts, wenn alles ein bißchen länger dauert und zwischendurch einer noch bei seinen Schulaufgaben Hilfe braucht. Nur pedantische Männer kommen mit Stier-Frauen nicht klar. Denen ist das zu chaotisch, was es in Wirklichkeit aber nicht ist. Eine Stier-Frau läßt sich auch bei ihren Routinearbeiten nicht so leicht aus der Ruhe bringen, wägt ab, was im Moment wichtiger ist, ein pünktliches Essen oder ein beruhigtes Kind. Lässig, locker, gut gelaunt.

STIER-MÄNNER LASSEN GERN KOCHEN

Stier-Männer hingegen lassen gern kochen, bevor sie sich selbst an den Herd stellen. Dafür sind sie aber dankbare Esser, meckern nicht, auch wenn's mal nicht so gut schmeckt. Sie sind immer ganz fix mit dem Salz- und Pfefferstreuer dabei, ohne vorher probiert zu haben, ob das Essen nicht schon ordentlich gewürzt ist. Gourmets sind sie nicht, die Stier-Männer, aber Gourmands. Sie kriegen es auch fertig, nach einem deftigen und reichlichen Eintopf noch den Kühlschrank nach Wurst und Käse abzusuchen, so als »Nachtisch«. Die echten Topfgukker-Stiere greifen nicht oft, aber immer öfter, zum Kochlöffel. Die ersten Gehversuche sind bescheiden, fangen vielleicht mit Bratkartoffeln und Spiegeleiern an. Sie können sich aber steigern. Es gibt Stier-Männer, die sich zu guten, zuverlässigen, nicht allzu phantasievollen, aber unkomplizierten Köchen gemausert haben. Die gern am Herd stehen und etwas brutzeln, allein schon, um ihre Partnerinnen zu entlasten. Es soll sogar welche geben, die hinterher auch die Küche aufräumen. Ein Tip für Frauen, die einen Stier zu Hause haben: Bringen Sie's ihm langsam bei, ohne große Erwartungshaltung. Eines Tages haben Sie einen Partner, mit dem Sie sich beim Kochen ablösen können.

DIE STIER-DIÄT

Wer so vergnügt essen kann wie der Stier, kennt die Nummer mit den kulinarischen Dürreperioden. Da wird der Gürtel für ein paar Wochen enger geschnallt, echter Verzicht geleistet – und das mit scheinbarem Erfolg. Mit solch einer Crashdiät kommt man beim Stier auf Dauer nicht weiter, besonders nicht, wenn er meint, er kann nach solchen Zwangsmaßnahmen wieder munter drauflosfuttern. Eins steht fest: Wenn ein Stier fett und träge wird, verliert er seine glänzende Konstitution und seine robuste Gesundheit.

NICHT RUNDHERUM GRASEN

Er hätte weniger Probleme, wenn er das Grasen rund um den Kochtopf und Kühlschrank sein lassen könnte. Ganz viel würde es ihm helfen, wenn nicht gerade die Abendmahlzeit so ausgedehnt wäre und ihm so viel Gelegenheit geben würde, immer noch einmal zuzugreifen. Hier hilft ein kleiner Trick: Das komplette Abendessen findet auf dem Teller statt – mehr gibt's nicht. Übrigens, hinterher kann er (der Stier bewegt sich zuwenig!) noch mal um den Block gehen.

KEIN HARTER ENTZUG

Der Stier ißt nun mal gern. Das soll er auch weiterhin tun. Aber für die manchmal fette deutsche Küche bekommt er nicht uneingeschränktes grünes Licht. Weil ein Genießer-Typ, sollte er es einmal mit der herzhaften, aber leichteren italienischen Küche probieren. Das eröffnet ihm mehrere neue Perspektiven: Der Stil wird ihm liegen. Herzhaft und würzig. Die Portionen auch. Üppig und bunt. Die Zubereitung ist einfach, sie stellt keine hohen Ansprüche an seine Kochkünste. Selbst ein Linkshänder-Stier kommt damit zurecht. Beansprucht nicht übermäßig sein Portemonnaie und läßt sich auch bei seinen vielen kleinen und großen Festen realisieren. Noch ein Vorteil: Auch unterwegs kann er diesen Stil beibehalten. Das Rezept für den Stier: die italienische Diät.

DIE STIER-DIÄT

★★ **STIER**

FRÜHSTÜCK

Ein italienisches Frühstück unterscheidet
sich nicht wesentlich vom deutschen.
Eine Scheibe Brot mit Käse oder magerem Aufschnitt, einer Portion Gemüse und Kräutern. Oder, wenn's süß
sein soll, ein Brötchen mit Honig und
eine Quarkspeise oder Obst mit Joghurt oder Dickmilch. Tips findet er bei
dem Kollegen Wassermann.

GROSSE MAHLZEIT

Eine ordentliche Portion Spaghetti mit
unterschiedlichen Saucen, mit dem
Duft von etwas Knoblauch und frischen
Kräutern, läßt ein Stier-Herz höher
schlagen. Ein deftiges Fleischgericht,
wie z. B. Ossobuco, kommt seinen
Bedürfnissen und seiner Zunge sehr
entgegen. Und mit einer kleinen Handarbeit – einer knusprigen Pizza mit verschiedenen Belägen – kann er sich
und seine Gäste mit immer neuen
Kompositionen überraschen. Die
große Mahlzeit kann er mittags oder
abends essen. Die Rezepte dafür
findet er auf den Seiten 40 bis 43.

KLEINE MAHLZEIT

Die Italiener haben eine Vielzahl
von Gerichten, die so satt machen,
daß sie für eine Mittagsmahlzeit rei-
chen. Deshalb kann man hier emp-
fehlen: die kleine Mahlzeit mittags,
die große abends zelebrieren mit
einer Karaffe trockenen Weißweins.
Das käme dem Stil und den Wünschen eines Stieres, der auf mage-
res Kraftfutter gesetzt wird, sehr entgegen. Die Rezepte dafür stehen
auf den Seiten 44 und 45.

IM RESTAURANT

Leichte italienische Gerichte sind
unterwegs einfacher zu finden als
leichte deutsche, wenn sie auch
noch halbwegs preiswert sein sollen.
Zum Beispiel frische Salate mit Thunfisch, Mozzarella mit Tomaten und
Basilikum (das Öl selbst dosieren),
Melone mit Schinken, Spaghetti Bolognese oder andere Nudelgerichte.
Vorsicht vor »al forno«, diese Gerichte sind meistens mit viel fettem Käse
überbacken.

DIE STIER-DIÄT

★★★★★★★★★★★★★★★★★★★★★★★★★★★★★★★★★★★★★

SPAGHETTI BOLOGNESE

1 Portion dünne Spaghetti
Salz
½ Tasse Wasser
½ TL Instant-Brühe
1 EL Tomatenmark (Tube)
2 Msp. Edelsüß-Paprika
½ TL getrockneter Oregano
Pfeffer aus der Mühle
1 Frühlingszwiebel
1 Knoblauchzehe
1 EL Öl
100 g Beefsteakhack
3 Tomaten
1 EL gehacktes Basilikum

1. Spaghetti in Salzwasser bißfest – nicht zu weich und nicht zu hart – kochen.

2. In einer Tasse das Wasser mit Instant-Brühe, Tomatenmark, Edelsüß-Paprika, Oregano, Salz und Pfeffer verrühren.

3. Frühlingszwiebel in Ringe schneiden. Knoblauch fein würfeln. Beides in einer beschichteten Pfanne in Öl glasig braten. Beefsteakhack zugeben und anbraten. Tomaten kleinschneiden, zugeben, auf mittlerer Hitze mitschmoren.

4. Die Tomatenmark-Sauce zugeben, alles einmal aufkochen und etwas einkochen.

5. Die gut abgetropften Spaghetti in einen tiefen Teller geben, die Sauce darübergießen und mit Basilikum bestreuen.

Andere Saucen-Variationen
Spaghetti mit Fleischklößchen:
Aus 100 g Beefsteakhack, 1 Zwiebel, 1 EL Semmelbrösel, 2 EL Mineralwasser, 1 TL Senf, Salz, Pfeffer und Petersilie 4 Fleischklößchen formen und braten. Sauce wie bei Spaghetti Bolognese.

Spaghetti Carbonara:
Je 100 g gekochten Schinken und Champignons, 2 Frühlingszwiebeln kleinschneiden und alles braten. Mit einigen Tropfen Zitronensaft, Salz, Pfeffer, 2 EL Crème fraîche und 3 EL Wasser kurz aufkochen.

Spaghetti Vongole:
Tomatensauce wie bei Spaghetti Bolognese mit 1 EL Crème fraîche verrühren, 100 g Muscheln (Dose) zugeben.

DIE STIER-DIÄT

★★★★★★★★★★★★★★★★★★★★★★★★★★★★★★★★★★★★★★★ **HAUPTMAHLZEIT**

Spaghetti mit Kaviar:
1 Schalotte und 1 Knoblauchzehe
fein würfeln, in einer beschichteten
Pfanne mit einigen Tropfen Öl glasig braten. Mit ½ Tasse Weißwein ablöschen und langsam bis
auf 1 EL Flüssigkeit einkochen.
Mit Salz und Pfeffer würzen.
2 EL Crème fraîche hineinrühren,
einmal kurz aufkochen. Die Sauce
über die Spaghetti gießen.
1 gehäuften EL Kaviar darauf verteilen und mit 1 EL gehackten Basilikum oder
Schnittlauch bestreuen.

Tip
*Wenn Ihnen die
Spaghettiportionen zu
klein sind, können Sie
sie vergrößern. Auch
wenn Sie abnehmen
wollen, sollten Sie nicht
an Kohlenhydraten, das
ist der Hauptbestandteil
von Spaghetti,
sparen.*

41

DIE STIER-DIÄT

★★

Tip

Für Ossobuco brauchen Sie etwas Zeit, etwa eine halbe Stunde. Sie können statt Kalbfleisch auch anderes Fleisch nehmen, das geht schneller: 150 g Kalbschnitzel, Putenschnitzel, Hähnchenbrustfilet oder auch Fischfilet. Diese Fleischsorten brauchen nur halb so lang. Wenn Sie Fischfilet verwenden, erst die Sauce zubereiten und dann den Fisch in der Sauce 5 Minuten ziehen lassen.

Tip

Zu Ossobuco passen auch Bandnudeln, Petersilienkartoffeln, Baguette oder italienisches Fladenbrot.

Tip

Wenn Staudensellerie übrigbleibt: Eine gute Gelegenheit, die restlichen Portionen zu einem Salat mit Thunfisch oder einer Creme- oder Gemüsesuppe mit Hühnerfleisch zu verarbeiten.

OSSOBUCO
Foto Seite 32/33

1 Kalbshaxenscheibe mit Knochen (200 g, Fleischanteil 150 g)
Pfeffer aus der Mühle
1 Möhre
2 Stangen Staudensellerie
1 Zwiebel, 1 Knoblauchzehe
1 EL Öl
½ Tasse Weißwein oder Brühe (Instant)
2 EL Tomatenmark
Salz
1 TL abgeriebene Zitronenschale (ungespritzt)
2 EL gehackte Petersilie
1 Portion gekochter Reis

1. Das Fleisch mit Pfeffer würzen. Möhre, Staudensellerie und Zwiebel kleinschneiden. Knoblauch fein würfeln.

2. Einen kleinen Bratentopf erhitzen und Öl hineingießen. Fleisch auf beiden Seiten scharf anbraten. Gemüse zugeben und kurz mitbraten. Die Hitze herunterschalten. Mit Weißwein ablöschen.

3. Alles mit mittlerer Hitze schmoren, bis das Fleisch gar ist. Den Wein nach und nach zugießen. Wenn die Flüssigkeit nicht reicht, etwas Wasser zugießen.

4. Mit Tomatenmark, Salz, Pfeffer und Zitronenschale abschmecken und 2 Minuten weiterköcheln lassen. Zum Schluß die Petersilie hinzugeben.

5. Das Fleisch mit der Sauce neben dem Reis anrichten.

RISOTTO

100 g Pilze (Austernpilze, Champignons, Pfifferlinge, Steinpilze oder Shiitake)
2 Frühlingszwiebeln
1 Paprikaschote
1 Knoblauchzehe
1 EL Öl
½ Tasse Wasser
1 TL Instant-Gemüsebrühe
1 Portion gekochter Reis
6 EL geriebener Käse
Salz
Pfeffer
1 EL gehackte Petersilie

DIE STIER-DIÄT

1. Pilze putzen und kleinschneiden. Die Frühlingszwiebeln in Ringe, die Paprikaschote in kleine Würfel, Knoblauch in ganz feine Würfel schneiden.

2. In einem Topf das Öl erhitzen. Die Pilze anbraten. Frühlingszwiebeln und Knoblauch zugeben und kurz mitbraten. Wasser und Instant-Gemüsebrühe zugeben und einmal aufkochen.

3. Den Reis zugeben und erhitzen. Paprikawürfel und Käse unterheben. Mit Salz und Pfeffer abschmecken und mit Petersilie bestreuen.

VENEZIANISCHE LEBER

1 Portion geputzter Spinat (150 g)
150 g Kalbsleber
2 Frühlingszwiebeln
einige Tropfen Öl
Salz, Pfeffer
½ Tasse Weißwein
1 Knoblauchzehe
1 TL Butter oder Margarine
2 Stückchen Baguette

1. In einem großen Topf Wasser zum Kochen bringen. Den Spinat in einen Dämpfeinsatz füllen und in dem Dampf zusammenfallen lassen. Dauert ca. 10 Minuten.

2. Die Leber von Röhren befreien und in flache Stücke schneiden. Die Frühlingszwiebeln schräg in Stücke schneiden.

3. Eine beschichtete Pfanne erhitzen und mit Öl auswischen. Die Leber auf beiden Seiten braun braten. Die Zwiebeln zugeben und kurz mitbraten. Mit Salz und Pfeffer aus der Mühle würzen. Den Weißwein langsam zugießen und etwas einkochen.

4. Den Spinat mit zerdrücktem Knoblauch, Salz und Pfeffer würzen und auf einen Teller legen. Die Butter oder Margarine auf dem heißen Spinat schmelzen lassen. Die Leber mit der Sauce daneben anrichten. Dazu gibt es Baguette.

Tip

Statt Kalbsleber können Sie auch Geflügelleber, Puten- oder Hähnchenleber nehmen. Aber jedes andere zarte Fleisch eignet sich auch für diese Zubereitungsart: Kalbs- oder Schweinefilet, Kalbs-, Schweine-, Putenschnitzel. Oder auch dünn geschnittenes Hähnchenbrustfilet.

Tip

Wer keinen Dämpfeinsatz besitzt, kann den Spinat auch in einem heißen Topf ohne zusätzliches Wasser zusammenfallen lassen. Im Dämpfeinsatz kann man jedes Gemüse schonend garen. Die Vitamine bleiben erhalten und werden nicht mit dem Kochwasser weggeschüttet.

DIE STIER-DIÄT

★ ★

Tip

*Wenn Mozzarella
übrigbleibt, können Sie
die Reste für eine Pizza
verwenden.*

Tip

*Mozzarella mit Tomaten
bekommt einen feineren
Geschmack, wenn Sie
statt Weinessig den
italienischen Balsamico-
Essig verwenden. Er hat
einen sanften, etwas
süßlichen Geschmack.*

Tip

*Parmesan schmeckt nur,
wenn er frisch gerieben
ist. Also, kaufen Sie ihn
im Stück, er hält sich
eine ganze Weile im
Kühlschrank, und reiben
Sie ihn erst, wenn Sie
ihn für ein Gemüse-
gericht benötigen.
Übrigens, es gibt sehr
schöne und praktische
Parmesanmühlen
– vielleicht ein Geburts-
tags- oder Weihnachts-
wunsch?*

MOZZARELLA MIT TOMATEN

3 Tomaten

½ Kugel Mozzarella

Salz, Pfeffer

einige Tropfen Olivenöl

einige Tropfen Weinessig

einige Blättchen Basilikum

2 Stückchen Baguette

1. Tomaten in dicke Scheiben
schneiden und einzeln auf einen
Teller legen.
2. Mozzarella in dünne Scheiben
schneiden. Je eine Scheibe auf
eine Tomatenscheibe legen.
3. Mit Salz und Pfeffer bestreuen,
mit Öl und Essig beträufeln. Die
Basilikumblättchen auf der Mozzarella verteilen. Dazu Baguette.

MELONE MIT SCHINKEN

*½ Melone (Honig- oder
Netzmelone)*

einige Tropfen Zitronensaft

50 g Parmaschinken

Pfeffer aus der Mühle

2 Stückchen Baguette

1. Die Melone in Spalten schnei-
den, auf einen Teller legen und mit
Zitronensaft beträufeln.
2. Den Parmaschinken in kleinen
Häufchen daneben anrichten. Mit
Pfeffer würzen. Dazu Baguette.

GEMÜSE MIT PARMESAN

1 Portion Gemüse (150 g)

Salz

Pfeffer aus der Mühle

4 EL geriebener Parmesan

*2 Stückchen Baguette oder
1 Portion Spaghetti*

1. In einem Topf 2 Daumenbreit
Wasser zum Kochen bringen. Das
Gemüse putzen und kleinschneiden. In einen Dämpfeinsatz legen
und zugedeckt ca. 8 bis 10 Min.
– je nach Sorte – im Dampf garen.
2. Das heiße Gemüse auf einen
Teller legen, mit Salz und Pfeffer
würzen. Parmesan darüberstreuen
und auf dem heißen Gemüse
schmelzen lassen.
3. Dazu gibt es Baguette oder
Spaghetti.

DIE STIER-DIÄT

★★★★★★★★★★★★★★★★★★★★★★★★★★★★★★★★★★★★★★

PIZZA

8 EL Pizzamehl
6 EL Wasser
6 EL Tomatensauce (Fertigprodukt)
1 kleine Dose Thunfisch (natur)
1 Frühlingszwiebel
2 TL Kapern
1 EL Crème fraîche

1. Mit dem Elektroquirl Pizzamehl und Wasser verkneten, bis sich der Teig vom Schüsselrand löst. Mit einem Handtuch zugedeckt an einem warmen Platz gehen lassen.
2. Den Pizzateig noch einmal mit einem Löffel durchkneten. Ein Backblech mit Backpapier auslegen. Den Teig daraufgeben. Einen Löffel unter kaltes Wasser halten und mit dem nassen Löffelrücken den Teig ganz dünn verstreichen. Durchmesser ca. 25 cm. Im vorgeheizten Backofen 10 Minuten mit 200 Grad vorbacken.
3. Die Tomatensauce auf dem Pizzaboden verstreichen. Thunfisch, Zwiebelringe und Kapern darauf verteilen. Kleckse von

Crème fraîche daraufsetzen. 10 Minuten weiterbacken.

Andere Variationen:
Pizza mit Champignons: gebratene Champignons, Frühlingszwiebeln und $\frac{1}{3}$ Kugel gewürfelte Mozzarella.
Pizza mit Lachs: 1 Scheibe geräucherten Lachs in Streifen schneiden, Frühlingszwiebeln und 1 EL Crème fraîche.
Pizza mit Gemüse: 1 kleine Portion gegartes Gemüse (Brokkoli, Spinat, Mangold, Prinzeßbohnen, Zuckerschoten), 1 zerdrückte Knoblauchzehe, 1 EL Crème fraîche oder $\frac{1}{3}$ Kugel Mozzarella oder 4 EL geriebener Parmesan.

Tip
Pizzamehl gibt`s als Fertigprodukt (Mondamin). Ebenso die Tomatensauce, sie enthält bereits Kräuter oder Champignons (Knorr). Von dem Rest der angebrauchten Tomatensauce-Packung können Sie eine Tomatensuppe oder -sauce zubereiten.

EXTRAS
Wenn der Stier zwischendurch Hunger bekommt, sollte er sich an Melone, Salat, an italienisches Brot mit einer Crème

aus Cremquark mit Kräutern, etwas Knoblauch und Gewürzen halten.

DER TYPISCHE ZWILLING

PERSÖNLICHKEIT

*Intellektuell,
schillernd,
vielseitig,
interessant,
charmant,
neugierig,
verspielt,
selbstgefällig,
launisch,
manchmal unseriös.*

ORGANISATION

*Ziemlich chaotisch,
sprunghaft,
lebt von einem Moment
zum anderen.*

ERNÄHRUNG

*Hektisch,
mit Zeitung, Fernseher
und ständig am
Quasseln.*

Er hat alles doppelt, deshalb heißt dieses Sternzeichen auch nicht »Zwilling«, sondern »Zwillinge«. Sein Charme und seine Heiterkeit sind geradezu umwerfend. Es scheint, als nähme er nichts, aber auch gar nichts ernst. Immer gut für einen Keks, immer gut für einen Streich – darin ist er einfach Meister. Manchmal zum Kringeln komisch. Aber aufpassen, seine Laune kann blitzartig umschlagen! Sein Leben ist so bunt wie ein Kaleidoskop: schillernd und vielseitig. Zwillinge sprechen meistens mehrere Sprachen, noch mehr Dialekte und könnten in sieben völlig unterschiedlichen Berufen tätig sein. Im Reisebüro, im Kindergarten oder in einer Zeitungsredaktion. Das liegt daran, daß man dort von jedem alles verlangt, plötzliche Abgänge durch fristlose Kündigung inklusive. Er wechselt ständig seine Rollen, fällt manchmal auch aus derselben, glänzt mit beeindruckenden Auftritten, genießt das Bad in der Menge und sonnt sich unter seinem persönlichen Regenbogen.

DAS EINZIG BESTÄNDIGE: SEINE WECHSEL

Regeln, Dogmen, die Zehn Gebote, Gesetze, Verhaltensmaßnahmen – verordnet vom Arzt oder vom Rechtsanwalt – findet er völlig überflüssig und hält sich nicht daran. Zwillinge wechseln ihren Wohnsitz, ihre Stellung und ihre Kleider so schnell wie ihre Ansichten. Eines fehlt ihnen gänzlich: Geduld. Mit sich und den anderen. Sie reden, denken und bewegen sich schnell, können sehr ironisch sein und sind fixer und gescheiter als die meisten anderen Menschen. Sie sind Luftikusse, kein Wunder – ihr Element ist die Luft.

VORSICHT! ER MANIPULIERT GERN

Keiner versteht es so glänzend, Sie von Ihrer Meinung abzubringen. Und Sie sind zum Schluß davon überzeugt, daß er – der Zwilling – recht hat, und Sie sind ihm auch noch dankbar dafür, daß er Sie rumgekriegt hat. Er versteht es einfach blendend, Menschen zu manipulieren. Das ist vielleicht das Unseriöse am Zwilling.

DAS SAGEN DIE STERNE ZU SEINEN PFUNDEN

★★★

Zwillinge bekommen höchst selten Probleme mit ihren Pfunden, sie sind einfach zu quirlig. Sie flitzen ständig durch die Gegend, gestikulieren wild mit Händen und Füßen, sitzen nie still, springen immerzu auf, um noch schnell etwas zu erledigen, und verbrauchen auf diese Weise eine Unmenge an Energie. Ein richtiger Zwilling ist ein Zappelphilipp, der auch seine Suppe nicht essen will. Natürlich nur, weil er keine Zeit hat. Ein dicker Zwilling ist deshalb eine Seltenheit. Überpfunde beim Zwilling sind ein deutliches Signal dafür, daß er sein Naturell nicht richtig auslebt. Irgendetwas muß in seinem Leben passiert sein, das seine Quirligkeit ausgebremst hat. Diesen Ursachen muß er auf den Grund gehen, wenn eine Diät Erfolg haben soll. Dazu gehört die Rückkehr zu seiner ihm vertrauten Wesensart und die Empfänglichkeit für jede Art von Ablenkung, Unsinn, Spaß und Umtriebigkeit. Hier ist eine mentale Rückbesinnung auf seine spritzige Gangart vonnöten.

ZWILLINGE HABEN MISERABLE ESSGEWOHNHEITEN

Sie konzentrieren sich nie auf das, was sie essen. Sie stopfen ziemlich wahllos alles in sich hinein, was sich gerade bietet. Das auch noch mit einer rasanten Geschwindigkeit, sie schlingen schnell und kauen schlecht. Manchmal vergessen sie auch das Essen und merken erst abends, daß sie einen Bärenhunger haben. Mehr Disziplin am Eßtisch, mehr Muße beim Essen, regelmäßige Mahlzeiten, eine gesündere Zusammenstellung und weniger Alkohol würden auch einem dünnen Zwilling eine bessere Gesundheit bescheren.

AUCH BEI EINER DIÄT KEINE VORSCHRIFTEN

Da Zwillinge eine große Abneigung gegen Vorschriften haben, darf man ihnen auch nicht mit einem starren Diätprogramm kommen. Sie kommen mit einer Leitlinie aus, mit der sie spielen können. Deshalb für sie die asiatische Diät mit der fernöstlichen Philosophie der Gelassenheit.

SO ISST UND KOCHT
DER ZWILLING

ZWILLINGE ★★★★★★★★★★★★★★★★★★★★★★★★★★★★★★★★★★★★★

Sie wissen ja, es gibt nicht den einen Zwilling, in jedem stecken immer mehrere Zwillinge. Männer mit Zwillings-Frauen können davon ausgehen, daß sie es mit einem Harem zu tun haben. Ein und dieselbe Frau kann heute das aufopfernde Hausmütterchen sein und morgen die vor Geist sprühende, bezaubernde Gastgeberin. Dafür sind dann aber die Betten nicht gemacht. Zwillings-Männer sind ähnlich.

KONSERVENDOSE BEI KERZENSCHEIN

Mehr Wert als auf das Essen legen die Zwillinge auf das Drumherum. Da werden die Kerzen vom Silberleuchter angezündet, die Blumen neu arrangiert, die Servietten kompliziert gefaltet — und dann kommt die Erbsensuppe aus der Dose auf den Tisch. Essensmäßig ist das Alltagsleben bei Zwillingen ziemlich schlicht gestrickt. Abends steht der Brotkorb auf dem Tisch, dazu die Aufschnittplatte, vielleicht noch etwas frisches Gemüse, wie zum Beispiel Tomaten. Kann auch passieren, daß die Butter und die

Wurst noch im Papier, der Fleischsalat in der Plastikdose auftauchen und daß etliche Bierflaschen den Tisch zieren. An Sonn- und Feiertagen wird vielleicht ein Hähnchen in die Backröhre geschoben, kommt da auch noch ganz sexy wieder raus, aber wenn es dann zerlegt ist, sieht es aus, als hätte ein Geier diese Aufgabe erledigt. Vielen Zwillingen fehlt das Fingerspitzengefühl für appetitliches, dekoratives Anrichten ihrer Speisen. Es ist zwar immer alles da, aber nicht so richtig etwas fürs Auge. Sieht häufig so aus wie bei Hempels auf dem Campingplatz.

SCHLICHTES ESSEN, SCHLAUE GESPRÄCHE

Wenn Zwillinge zum Essen einladen, sollte man nicht zuviel erwarten. Kann sein, daß es Salzstangen und einen zu süßen Wein gibt. Kann aber auch sein, daß der Partyservice ein opulentes Buffet geliefert hat, kann aber auch sein, daß der Hausherr oder die Hausfrau selbst zum Kochlöffel greifen. Dann gibt es einen köstlichen Auflauf oder eine Lamm-

SO ISST UND KOCHT DER ZWILLING

★★★★★★★★★★★★★★★★★★★★★★★★★★★★★★★★★★★★★★★

keule, mit Sicherheit keine Kohlrouladen oder gar einen Sauerbraten. Diese urdeutschen Gerichte wünschen sich Zwillinge immer von ihren Müttern. Was sich sicherlich nicht so stark einprägt, wird das Essen sein. Viel wichtiger sind die witzigen Gespräche, die rund um den Eßtisch von Zwillingen stattfinden. Zwillinge, selbst so charmant und amüsant, haben witzige, unkonventionelle Freunde aus allen Bereichen. Und so kommen hochinteressante Gespräche zustande und urkomische Blödeleien. Es darf gelacht werden, keiner wird sich langweilen. Häufig endet so ein feucht-fröhlicher Abend noch mit einem deftigen Streich. Da wird die Oma noch als Irma la Douce verkleidet und die Rennmaus im Käfig betrunken gemacht.

TREFFPUNKT: KNEIPE

Nicht immer haben Zwillinge Lust, ihr Eigenheim durch fröhliche Feste verwüsten zu lassen. Dann wird ein Rundruf gestartet, und man trifft sich in der Stammkneipe. Dafür lassen Freunde wichtige Termine

platzen. Das Leben ist einfach zu hart, als daß man sich diesen Spaß entgehen lassen möchte. Das einzige, was diese Abende beenden kann, sind wichtige Termine am nächsten Morgen. Auf dem Nachhauseweg ist kein Einkaufswagen davor sicher, den sturzbetrunkenen Freund bis vor die Tür befördern zu müssen, kein fremder Autofahrer davor gefeit, als kostenloser Chauffeur mißbraucht zu werden. Gastwirte mögen Zwillinge, sie unterhalten alle anderen Gäste bis in die frühen Morgenstunden und sitzen niemals halbtot vor ihrem Bierglas und blasen Trübsal.

DIE ZWILLINGE-DIÄT

Immer unter Volldampf, immer mit Unsinn im Kopf, neigen Zwillinge zu Unfällen, die sie meistens nicht besonders ernst nehmen und die sich zu kleineren Katastrophen entwickeln können. Mit ihrer Ernährung gehen sie auch sehr lässig um, bis ihnen der Arzt eines Tages bestätigt, daß ihre Leberwerte nicht in Ordnung sind, daß ihr Cholesterin zu hoch ist und daß ihre Gelenke deshalb wehtun, weil sie sich falsch ernähren. Gut eingedeckt mit Ratschlägen gehen Zwillinge zunächst geknickt nach Haus, um gleich darauf alle Anweisungen in den Wind zu schlagen. Diese Ratschläge müßten sie ernster nehmen, denn es ist etwas Wahres dran. Wenn Zwillinge damit zu lässig umgehen, hilft nur eins: Sie müssen ihre Ernährung einmal gut überdenken und einsehen, daß sie damit nicht besonders alt werden können. Übrigens, auch dieses Argument zieht bei diesen lebenslustigen Zwillingen nur begrenzt. Mit einer anderen Ernährungsweise muß man den ohnehin neugierigen Zwillingen neue Perspektiven eröffnen. Zum Beispiel asiatisches Essen, mit dem sie bei ihren Gästen gut ankommen und was ihnen auch selbst gut schmeckt … weil immer auf der Suche nach etwas Neuem. Damit schlägt man gleich zwei Fliegen mit einer Klappe: Erstens ernährt sich der Zwilling damit schnell, leicht, fettarm und gesund, und zweitens ist die asiatische Küche etwas fürs Auge. Das Gemüse wird anders geschnitten, die gesamte Darstellung des Essens ist ästhetischer als sein üblicher Campingstil. Hinzu kommt, daß er die Gerichte mit Stäbchen essen sollte. Das bedeutet, er muß sich mehr Zeit zum Essen nehmen.

EINFACHE VORRATSHALTUNG

Bei der asiatischen Küche muß man nicht unzählige Zutaten im Vorrat haben. Hier genügen kleine Portionen von Fleisch und Geflügel, große Portionen von unterschiedlichen Gemüsesorten und Reis als Beilage. Öl zum Dünsten und ein paar Gewürze – und Stäbchen.

DIE ZWILLINGE-DIÄT

★★

Weil der Zwilling nie Zeit hat, ist es gut, wenn seine Diät etwas vororganisiert wird. Die Zutaten für seine Diät muß er sich in drei Blökken vorstellen:
Block 1: 100 Gramm-Portionen von Fleisch, Fisch und Geflügel.
Block 2: 150 Gramm-Portionen von Gemüse, wie z. B. Paprikaschoten, Lauch, geputztem Spinat, Möhrenstiften, Erbsen, Zuckerschoten, Chinakohl, Wirsing – alles, was frisch und knackig ist.
Block 3: Gekochter Reis in 75 bis 125 Gramm-Portionen, möglichst tiefgekühlt und somit immer parat.
Mit diesen Vorräten kommt auch ein chaotisch veranlagter Zwilling bequem durch seine Ernährungsumstellung. Stellt eben keine hohen Ansprüche an sein Organisationstalent und seine Kochkünste. Dennoch eine der besten Formen, sich gesund und vollwertig zu ernähren, ohne großes Wissen, ohne komplizierte Pläne. Das einzige, was er dazu noch braucht, ist eine beschichtete Pfanne oder einen kleinen Wok, die chinesische Spezialpfanne mit dem hohen Rand.

FRÜHSTÜCK

Hier halten Sie sich besser an deutsche Versionen: Quarkspeisen, frisches Obst mit Joghurt oder eine Scheibe Brot mit Aufschnitt. Schauen Sie sich einmal die Vorschläge bei den Wassermännern und den Löwen an.

MITTAGESSEN UND ABENDESSEN

Sie brauchen keine großen Unterschiede zu machen zwischen einer großen Mittagsmahlzeit und einer kleineren Abendmahlzeit. Sie können mittags praktisch das gleiche essen wie abends. Die Mahlzeiten sind ausschließlich warm und sehr gemüselastig. Wichtig ist nur, daß Sie sie essen, und zwar ziemlich regelmäßig, möglichst zur gleichen Tageszeit. Rezepte – ohne Unterschied, ob für mittags oder abends – finden Sie auf den Seiten 54 bis 59. Und wenn Sie im Restaurant essen, finden Sie in jedem Chinarestaurant das Richtige.

DIE ZWILLINGE-DIÄT

★★

GEBRATENER REIS MIT CHAMPIGNONS

100 g Beefsteakhack
1 Zwiebel
1 Knoblauchzehe
Salz, Pfeffer
1 Portion Champignons
2 Frühlingszwiebeln
2 EL Öl
1 Portion gekochter Reis

1. Beefsteakhack mit gehackter Zwiebel, zerdrücktem Knoblauch, Salz und Pfeffer mischen.
2. Champignons in Scheiben schneiden. Frühlingszwiebeln schräg in Stücke schneiden.
3. Den Wok oder die beschichtete Pfanne erhitzen, 1 EL Öl zugeben. Das Fleisch auf hoher Hitze anbraten, aus der Pfanne nehmen.
4. Das restliche Öl in die Pfanne geben. Pilze und Frühlingszwiebeln scharf anbraten. Hitze herunterschalten. Reis zugeben, kurz mitbraten. Mit Salz und Pfeffer würzen. Das Fleisch wieder zugeben und kurz erhitzen.

REIS MIT SCHWEINEFLEISCH
Foto Seite 46/47

2 EL Sojasauce
2 EL Wasser
½ TL Sambal Oelek
100 g Schweineschnitzel
1 rote o. gelbe Paprikaschote
2 Frühlingszwiebeln, 1 EL Öl
1 Portion gekochter Reis
Salz, Pfeffer

1. Eine Marinade rühren aus Sojasauce, Wasser und Sambal Oelek.
2. Das Fleisch in dünne Scheiben schneiden und in der Marinade 1 Stunde ziehen lassen.
3. Paprikaschote fein würfeln. Frühlingszwiebeln in Ringe schneiden.
4. Den Wok oder eine beschichtete Pfanne erhitzen, Öl zugeben. Das Schweinefleisch gut abtropfen lassen, zugeben, rundherum braten. Die Hitze herunterschalten.
5. Paprikawürfel und Frühlingszwiebeln zugeben, zugedeckt 5 Minuten garen. Reis hineinrühren und kurz mitbraten. Mit Salz und Pfeffer abschmecken.

DIE ZWILLINGE-DIÄT

★★★★★★★★★★★★★★★★★★★★★★★★★★★★★★★★★★★★★★

HAUPTMAHLZEIT

RINDFLEISCH MIT PAPRIKASCHOTEN

2 EL Sojasauce
2 EL Wasser
1 EL Sherry oder Reiswein
100 g Huftsteak
2 Zwiebeln
1 Knoblauchzehe
1 Paprikaschote
½ Tasse Wasser
1 gestrichener TL Speisestärke
3 EL Marinade
½ TL Instant-Brühe
1 EL Öl
1 Portion gekochter Reis

1. Eine Marinade rühren aus Sojasauce, Wasser und Sherry.
2. Das Fleisch in dünne Scheiben schneiden und in der Marinade 1 Stunde ziehen lassen.
3. Zwiebeln achteln, Knoblauch in feine Scheiben, Paprikaschote in kleine Dreiecke schneiden.
4. In einer Tasse eine Sauce rühren aus kaltem Wasser, Speisestärke, Marinade und Instant-Brühe.
5. Den Wok oder die beschichtete Pfanne erhitzen, Öl zugeben. Zwiebeln und Knoblauch darin anbraten. Wenn die Zwiebeln Farbe bekommen, das Fleisch zugeben und unter Rühren knusprig braten. Alles herausnehmen und die Pfanne etwas abkühlen lassen.
6. Die Sauce in der Pfanne verrühren und einmal aufkochen. Paprikaschote zugeben und zugedeckt bei schwacher Hitze 8 Minuten garen. Prüfen, ob das Gemüse knackig, aber nicht zu hart ist. Fleisch mit Zwiebeln zugeben und in dem Gemüse erhitzen.
7. Dazu gibt es Reis.

Tip

Bei den asiatischen Pfannengerichten können Sie das Gemüse gern gegen ein anderes austauschen. Zum Beispiel Paprikaschoten gegen Lauch, Zucchini, Erbsen, Zuckerschoten, Chinakohl, Sojasprossen und Bambussprossen. Die gibt's aber nur in Dosen. Praktisch alles, was kurzgebraten werden kann und nicht vorgegart zu werden braucht.

DIE ZWILLINGE-DIÄT

★ ★

Tip

Es gibt zwei Marinaden: eine mit Speisestärke, eine ohne. Wenn man die Marinade mit Speisestärke verwendet, muß man darauf achten, daß das Fleisch rundherum mit ziemlich starker Hitze gebraten wird. Erst so wird das Fleisch richtig knusprig. Wenn man das nicht tut, wird die Speisestärke pappig.

Tip

Auch dieses Gericht können Sie mit anderem Gemüse zubereiten. Mit Chinakohl oder anderen zarten Gemüsesorten. Auch das Fleisch können Sie austauschen. Gegen Hähnchenbrustfilet, Rinder- oder Schweinefilet.

GESCHNETZELTES PUTENFLEISCH MIT LAUCH

2 EL Sojasauce
2 EL Wasser
1 EL Sherry
1 EL Speisestärke
100 g Putenschnitzel
1 Stange Lauch
2 EL Chilisauce (Fertigprodukt)
4 EL Wasser
1 EL Öl
1 Portion gekochter Reis

1. Eine Marinade zubereiten aus Sojasauce, Wasser, Sherry und Speisestärke.
2. Das Putenfleisch schnetzeln und in der Marinade 1 Stunde ziehen lassen.
3. Den Lauch in 4 cm lange Stücke, die Stücke längs in dünne Streifen schneiden. In einer Tasse eine Sauce rühren aus Chilisauce und Wasser.
4. Den Wok oder eine beschichtete Pfanne erhitzen, Öl

zugeben. Das Fleisch gut abtropfen lassen und unter Rühren knusprig braten. Das Fleisch aus der Pfanne nehmen und beiseite stellen.
5. Lauchstreifen und Chilisauce zugeben und zugedeckt 5 Minuten auf schwacher Hitze garen. Prüfen, ob die Lauchstreifen nicht zu hart sind. Das Putenfleisch zum Gemüse geben, mischen und kurz erwärmen. Dazu gibt es Reis.

56

DIE ZWILLINGE-DIÄT

★ ★

HÄHNCHENFLEISCH MIT ZUCKERSCHOTEN

2 EL Sojasauce
2 EL Wasser
1 EL Sherry
1 EL Speisestärke
1 kleines Hähnchenbrustfilet
150 g Zuckerschoten
½ Tasse Wasser
2 EL Marinade
1 TL Tomatenmark (Tube)
Salz, ½ TL Zucker
1 EL Öl
1 Portion gekochter Reis

1. Eine Marinade aus Sojasauce, Wasser, Sherry und Speisestärke rühren.

2. Fleisch würfeln und 1 Stunde in der Marinade ziehen lassen.

3. Zuckerschoten in der Mitte schräg durchschneiden. In einer Tasse das Wasser mit Marinade, Tomatenmark, Salz und Zucker verrühren.

4. Wok oder Pfanne erhitzen, das Öl hineingeben. Das Fleisch rundherum braten und herausnehmen.

5. Die Sauce in die Pfanne geben und unter Rühren einmal aufkochen. Zuckerschoten zugeben und zugedeckt wenige Minuten auf schwacher Hitze knackig garen. Dann die Hähnchenwürfel wieder zugeben, kurz in dem Gemüse erwärmen. Dazu gibt es Reis.

Tip

Wenn Sie die asiatische Diät lückenlos machen wollen, müssen Sie folgende Vorräte in Ihrem Gefrierfach bzw. im Kühlschrank haben: 100 g-Portionen von Fleisch, Fisch oder Geflügel. 150 g-Gemüseportionen und 125 g-gekochte Reisportionen.

DIE ZWILLINGE-DIÄT

★★★★★★★★★★★★★★★★★★★★★★★★★★★★★★★★★★★★★

Tip

Auf diesen beiden Seiten finden Sie die ganz schnellen Rezepte. Wichtig ist nur, daß Sie gekochten Reis in Ihrem Tiefkühlvorrat haben. Den können Sie, wenn er als Beilage dient und nicht mitgebraten wird, in der noch heißen Pfanne erwärmen – oder in der Mikrowelle.

Tip

Verwenden Sie zum Braten Keimöl. Es enthält die wichtigen essentiellen Fettsäuren und ist hoch erhitzbar. Können Sie mit Olivenöl nicht machen. Olivenöl ist besser für Salate.

Tip

Tauschgeschäfte: Die Zucchini können Sie notfalls auch gegen Salatgurke tauschen. Das Huftsteak können Sie gegen jedes andere Fleischfilet tauschen, die Shiitake-Pilze gegen Champignons oder andere Zuchtpilze, wie z. B. Austernpilze.

GEBRATENER REIS MIT SHRIMPS

1 EL Öl
100 g Shrimps oder Krabben
1 mittelgroße Zucchini
1 EL Sojasauce
Pfeffer
1 Knoblauchzehe
1 Portion gekochter Reis
1 EL Schnittlauchröllchen

1. Wok oder beschichtete Pfanne erhitzen, Öl zugeben. Krabben kurz braten.
2. Zucchini in Stifte schneiden, zugeben. Zugedeckt bei mittlerer Hitze 3 Minuten mitbraten.
3. Mit Sojasauce und Pfeffer würzen. Zerdrückte Knoblauchzehe und Reis zugeben. Alles mischen und kurz mit hoher Hitze erwärmen. Mit Schnittlauch bestreuen.

RINDFLEISCH MIT PILZEN

20 g Glasnudeln
100 g Huftsteak
100 g Shiitake-Pilze
1 Frühlingszwiebel
1 EL Öl
1 EL Sojasauce
½ Tasse kräftige Brühe (Instant)
1 Portion gekochter Reis

1. Glasnudeln in heißem Wasser einweichen. Fleisch, Pilze, Zwiebel in dünne Scheiben schneiden.
2. Wok oder Pfanne erhitzen, Öl zugeben. Fleisch und Pilze auf hoher Hitze anbraten. Hitze herunterschalten. Frühlingszwiebel zugeben. Mit Sojasauce würzen.
3. Brühe und abgetropfte Glasnudeln zugeben, alles 2 Min. unter Rühren erhitzen. Dazu gibt es Reis.

DIE ZWILLINGE-DIÄT

★★★★★★★★★★★★★★★★★★★★★★★★★★★★★★★★★★

GEBRATENER REIS MIT EI

1 Ei, Salz
1 EL Öl
100 g Krabbenfleisch
3 EL tiefgekühlte Erbsen
1 Staude Chicorée
1 EL Sojasauce
1 Portion gekochter Reis
1 EL Schnittlauchröllchen

1. Das Ei mit etwas Salz verquirlen und in einer kleinen beschichteten Pfanne als lockeres Rührei braten.
2. Wok oder Pfanne erhitzen, Öl zugeben. Krabbenfleisch, Erbsen und in Streifen geschnittenen Chicorée leicht anbraten.
3. Mit Sojasauce würzen. Reis und Ei zugeben. Alles gut miteinander mischen und mit Schnittlauchröllchen bestreuen.

CURRYHUHN

1 kleines Hähnchenbrustfilet (100g)
1 kleine Stange Lauch
1 Apfelsine
1 EL Öl
1 TL Curry
1 EL Sojasauce, 1 TL Zucker
1 EL Crème fraîche
1 Portion gekochter Reis

1. Hähnchenbrust würfeln, Lauch in Ringe schneiden. ½ Apfelsine auspressen, die andere Hälfte in Stücke schneiden.
2. Wok oder Pfanne erhitzen, Öl zugeben. Hähnchenwürfel rundherum hellbraun braten. Curry, Sojasauce, Zucker, Apfelsinensaft und -stücke, Crème fraîche hineinrühren. Lauchringe zugeben und 3 Minuten köcheln lassen. Dazu gibt es Reis.

Tip
Statt Krabbenfleisch beim »Gebratenen Reis mit Ei« können Sie auch Fleisch nehmen, gut eignen sich auch Reste von einer Fleischmahlzeit: Ein Stückchen Schweinefilet, ein Stückchen Kalbsleber, ein gebratenes Hähnchenbrustfilet.

Tip
Den Lauch beim »Curryhuhn« können Sie gegen dünne Zucchini- oder Gurkenscheiben, gegen Streifen von Blattsalat oder Chicorée tauschen.

EXTRAS
Zwillinge haben es einfach. Sie können bei Hunger zwischendurch ihre Vorräte einfach roh oder als Salat essen. Also knackige Stücke von Paprikaschoten, Gurken oder Salate mit einer Joghurtsauce. Alles, was den Hunger stillt – auch Obst und Milchspeisen.

DER KREBS

DER TYPISCHE KREBS

★★★★★★★★★★★★★★★★★★★★★★★★★★★★★★★★★★★★★★★

PERSÖNLICHKEIT

*Gefühlvoll,
anpassungsfähig,
still, verträumt,
humorvoll,
zurückhaltend,
phantasievoll,
launisch, naiv.*

ORGANISATION

*Richtet sich nach
seinen Gefühlen
…und seinen Launen.*

ERNÄHRUNG

*Essen ist
wichtig für
ihn, das gibt
ihm das Gefühl,
lebendig zu sein.
Am liebsten im Kreis
vertrauter Menschen.*

Manche Krebse wandern – eben wie richtige Krebse – majestätisch durchs Leben. Es gibt auch zierliche, flinke Krabben, die durchs Leben wuseln. Alle sind sie geheimnisvoll und überaus talentiert. Meisterhaft im Genuß der irdischen Freuden, darüberhinaus die verläßlichsten Freunde. Ein wenig schreckhaft, als hätte es die ganze Welt auf ihr köstliches Fleisch abgesehen.

KREBSE SIND HÄUSLICH

Keine Bar, kein Restaurant, kein Hotel kann ihr Heim ersetzen. Und im Urlaub kriegen sie Heimweh. Krebse sind ausgesprochen häuslich. Dort geht es ihnen gut, dort fühlen sie sich geborgen und dort – finden sie selbst – gehören sie auch hin. Das ist ihre kleine Burg … my home is my castle. Dort kümmern sie sich um Familie und Freunde, um Haus und Garten. Am schlimmsten trifft es einen Krebs, wenn seine Burg aus irgendwelchen Gründen zusammenfällt oder ihm versperrt wird.

IHRE SCHEREN HABEN SIE NUR FÜR DEN NOTFALL

Krebse sind äußerst friedliebend, nur im Notfall benutzen sie ihre Scheren. Sie haben einen ausgeprägten Sinn für Gerechtigkeit, stellen sich häufig vor Schwächere. Imponiergehabe ist ihnen fremd, sie sind eher scheu, drängen sich nicht auf und halten sich eher im Hintergrund. Dennoch haben sie ihre Verdienste – nie mit Ellenbogengewalt erkämpft. Sie sind fair und loyal, leise und verschwiegen, mit einer empfindlichen Antenne – wichtig für Arbeitgeber. Wenn ein Krebs kündigt, ist das ein ernstzunehmendes Alarmzeichen, dann stimmt was mit der Firma nicht. Der Krebs hat ein weiches Herz und ein waches Hirn. Als Chef oder Chefin hat er fast mütterliche Züge, Krisensituationen reguliert er zunächst mit Wärme. Und so verhalten sich Krebse auch in ihrer privaten Umgebung. Nur wenn gar nichts mehr geht, wenn alle Möglichkeiten ausgeschöpft sind, benutzen sie ihre Scheren.

DAS SAGEN DIE STERNE
ZU SEINEN PFUNDEN

★★★

In der Astrologie wird jedem Tierkreiszeichen ein Körperteil zugeordnet. Beim Krebs ist es der Magen. Und das mit dem Magen beweist, wie wichtig für den Krebs das Essen ist. Essen ist Leben. Wenn er ißt oder satt ist, dann fühlt er sich lebendig. Wenn er nichts im Magen hat, fühlt er sich vom Leben im Stich gelassen, findet sich leer, allein, frustriert, einfach wie ein Kind von armen Eltern. Essen gibt ihm nicht nur physische Energie, sondern auch psychische. Das birgt natürlich eine Gefahr: Krebse kompensieren Mängel am Arbeitsplatz, im Familienleben und im Alltag – generell Defizite – mit Essen, anstatt etwas gegen die eigentliche Situation zu unternehmen. Kein anderes Sternzeichen neigt so zu Magengeschwüren wie der Krebs. Durch seine Unfähigkeit zu explodieren, frißt er vieles in sich hinein. Der Krebs ist der typische Frustesser. Ihm nur eine Diät zu verpassen, wäre vergebene Liebesmüh, der Rückfall in alte Eßgewohnheiten wäre bereits vorprogrammiert.

LACHEN IST SEIN LEBENSELIXIER

In Krisenzeiten sollte sich der Krebs nicht nur ums Essen oder gar eine Diät kümmern, sondern alles dafür tun, seine gute Laune und sein Lachen wieder zurückzugewinnen. Wie er das macht, ist seine Sache. Wenn der Druck stark genug ist, wird er einen Weg finden.

LANGSAM ABNEHMEN – NICHT MIT GEWALT

Der Krebs neigt dazu, angriffslustig gegen seine Überpfunde vorzugehen. Dann wird der Riemen ganz eng geschnallt und sich an demselben gerissen. Völlig falsche Methode! Damit tut er sich weh, damit erzeugt er neuen Frust. Da Essen einen hohen Stellenwert für ihn besitzt, sollte er langsam anfangen. Und da er kein Einzelgänger ist, sollte er seine Abnahmebemühungen nicht allein starten, sondern mit anderen, die es auch gerade nötig haben. Das heißt gute Planung und die Einbeziehung von anderen, zu Hause und im Büro. Für den Krebs gilt: Gemeinsam ist man doppelt stark.

SO ISST UND KOCHT
DER KREBS

Ähnlich wie der Stier stilisiert der Krebs Essen zu einem Kult. Das beginnt bei einer tollen Kücheneinrichtung, geht über das richtige Licht beim Candlelight-Dinner, über entzückende Dekorationen bis hin zu exquisiten Einkaufsquellen, die nur wenige kennen. Die Details sind ihm sehr wichtig, auch wenn die Kochergebnisse später keine Sterne oder Kochmützen verdienen. Er kniet sich in die Einzelheiten, allein die Vorbereitung für ein Abendessen mit guten Freunden macht ihm schon ein höllisches Vergnügen. Aber um es zu Lorbeeren, in dem Fall zu goldenen Kochlöffeln oder – mützen zu bringen, fehlt ihm der Ehrgeiz. Schnellgerichte oder Konserven kommen ihm zwar nicht ins Haus, der Einkauf wird auf dem Markt erledigt oder bei der Gemüsefrau um die Ecke, die ihn stets gut berät. Abscheulich findet er die Gemüsetheke im Supermarkt, ist ihm ohnehin zu unpersönlich. Da ist ihm das Gemüse auch nicht frisch genug und die Auswahl zu phantasielos. Krebse gehen auch mit einem Zettel zum Einkaufen, denn sie leben nicht vom Improvisieren. Wenn gekocht wird, dann nach Plan, das muß nicht ein bestimmtes Erfolgsrezept sein, wichtig ist die Stilrichtung. Aber, wie schon gesagt, die Ergebnisse sind nicht überdurchschnittlich.

ER KENNT DIE NEUESTEN TRENDS

Neben einem Bilderblatt wie der »Bunten« kauft er sich auch hin und wieder den »Feinschmecker« oder eine andere Freßzeitung. Zumindest ist er immer auf dem letzten Stand der Kochtrends. Aber als Krebs hängt er natürlich auch an klassischen Rezepten, zum Teil von der Großmutter überliefert, mit denen er seine Mitesser erfreut. Krebse kochen vielseitig, mit einem leichten Hang zum Altmodischen. Sie beherrschen die Kohlroulade eben besser als die Frühlingsrolle.

ER ISST NICHT GERN ALLEIN

Krebse lieben die Gesellschaft im Heim und am Herd. Wenn ein Krebs kocht, dann sitzt die Familie am Tisch oder nette Freunde (allein

64

grämt er sich vor seinem Teller). Er zaubert dann nicht immer Hochkarätiges. Es darf auch ruhig schlicht sein. Wichtig sind ihm die Gesellschaft und die Gespräche. Die sind häufig sehr hintergründig, tiefsinnig, nie oberflächlich, meistens humorvoll. Selten erzählt er von seinen Sorgen und Ängsten. Lieber ist es ihm, daß Heiterkeit aufkommt, bei dem er seinen persönlichen Streß vergessen kann. Er neigt zu Depressionen, die er bei solchen Gelegenheiten vergißt und wegfuttert.

ER IST EIN AUFMERKSAMER GASTGEBER

Wie oft geschieht es, daß die besten Stücke am Eßtisch sehr schnell vergriffen sind. Der Krebs-Gastgeber sorgt dafür, daß Sie, ganz besonders Sie, bevorzugt behandelt werden. Jedenfalls haben Sie das Gefühl, daß es so ist. Der Krebs teilt gern, gibt gern, manchmal wartet er nur ab, ob nicht ein anderer noch schneller ist und noch schneller gibt. Im großen und ganzen ist er ein mütterlicher Gastgeber und hält sich beim Neh-

men selbst zurück. Als Frau fühlt man sich bei Krebs-Gastgebern, egal, ob es sich um einen Mann oder eine Frau handelt, immer wohl und geborgen. Niemals kommt bei dem Gast das Gefühl auf, daß er stiefmütterlich behandelt wird, daß er Ellenbogen benutzen muß, wenn er noch eine Bulette abkriegen will. Kurzum: Als Gast hat man nie das Gefühl, daß man zu kurz kommt. Ein Krebs-Vater kommt auch nicht auf die Idee, das größte Kotelett zu beanspruchen, wenn sein kleiner Sohn mit einem Bärenhunger vom Fußballtraining kommt.

DIE KREBS-DIÄT

Der Krebs liebt sein Heim so sehr, daß er sich häufig schnell abseilt, um in seine so geliebte Umgebung zu gelangen – nach Hause. Hier lebt, wohnt, denkt, liebt und träumt er vor sich hin. Und er hat schon einen Plan im Kopf, was er sich in die Pfanne tut. Kochen ist etwas, was ihn erheitert, ablenkt, was ihm seine Seele wieder gemütlich macht. Er hat auch einen guten Vorrat an schnellen Rezepten im Kopf, die er mit Bordmitteln, Zutaten aus dem Kühlschrank, zubereiten kann. Am Herd fühlt er sich wohl und kann den Alltag vergessen. Dieses kann aber auch zu einer Manie führen. Da er häufig unzufrieden ist mit dem, was ihm an Essen außerhalb geboten wird, ist er immer öfter zu Haus am Herd zu finden. Dort entwickelt er zwar allmählich eine hohe Kochkultur, aber es besteht die Gefahr, daß er es auch zu ausladenden Formen bei seiner Figur bringt. Prinzipiell ist gegen dieses Verhalten nichts einzuwenden – sich zu Haus mit einem schönen Essen einzuigeln. Aber wenn er dabei nicht ge-

schickt vorgeht, geht er wirklich aus dem Leim. Krebse sollen weiterkochen und ihren Kochstil weiterentwickeln, sie müssen es aber so klug anfangen, daß sie dabei nicht die Form verlieren. Mit der richtigen Strategie schlagen sie mehrere Fliegen mit einer Klappe: Sie besänftigen ihre Seele, genießen die Ergebnisse – das möglichst im Kreis ihrer Familie oder von Freunden – und nehmen dabei ab. Deshalb gibt's für den Krebs keine einsame Diät, sondern ein Programm, bei dem alle mitmachen können und es auch noch genießen: die Familien-Diät.

DIESES PROGRAMM SCHMECKT ALLEN, BESONDERS DEM KREBS

Nichts isoliert einen Menschen von anderen so sehr, als wenn er sich mit einer Diät nach Hause verzieht. Wenn er Einladungen ablehnt oder wenn er selbst nicht mehr einlädt mit der Begründung, er bastele gerade an seinen Überpfunden. Alle Umstehenden haben wenig Verständnis dafür. Der Krebs kann es sich einfacher machen, indem

DIE KREBS-DIÄT

er sich auf die gesunde Schiene setzt und die anderen mitzieht, ohne viel darüber zu reden. Als bekannt mütterlicher Typ kann er den anderen auch zeigen, wie es geht. Viele sind dankbar für solche Anstöße, ganz besonders, wenn sie's selber nötig haben.

DIE DIÄT FÜR ALLE

Das heißt, die Rezepte sind – wie im ganzen Buch – für eine Person beschrieben. Durch einfache Multiplikation mit der Anzahl der Esser kommt man auf die richtigen Mengen. Die Zubereitungszeiten sind dann etwas länger, die Garzeiten selten. Ein Tip: Wenn es in Ihrer Familie oder unter Ihren Freunden Widerstände gegen jedwede Diät gibt, reden Sie nicht darüber, machen Sie sie einfach. Wenn es den Leuten gut schmeckt, können Sie ja mit der Wahrheit herausrücken. Es ist komisch. Sobald man sagt, das ist gesund oder kalorienarm, rümpfen die meisten Leute die Nase. Muß nicht sein.

FRÜHSTÜCK

Das ist so eine Art Brunch in zwei Teilen, der auch Spaß mit Freunden am Sonntag morgen macht. Wochentags können Sie den zweiten Teil mit ins Büro oder an den Arbeitsplatz nehmen. Vorschläge dafür finden Sie auf den Seiten 68 und 69.

MITTAGESSEN

Ist die kleinere Mahlzeit im Vergleich zum Abendessen, läuft unter Lunch, kann aber auch gegen das Abendessen ausgetauscht werden (dann den »Lunch« abends essen). Die Rezepte finden Sie auf den Seiten 70 und 71.

ABENDESSEN

Eine üppige, aber leichte Mahlzeit, läuft unter Hauptmahlzeit. Auch für Freunde, die vorbeischauen. Die Rezepte finden Sie auf den Seiten 72 und 73.

IM RESTAURANT ODER IN DER KANTINE

Mittags gilt die Devise: leicht und locker. Einen Salat, ein Süppchen, wirklich nur eine Vorspeise.

DIE KREBS-DIÄT

Tip

Alltags wird der erste Teil des Frühstücks zu Hause gegessen, der ★★★-Teil wird für den Lunch am Arbeitsplatz mitgenommen. Dazu können Sie noch ein Vollkornbrot-Sandwich mit Frischkäse und Kräutern essen.

Tip

Wenn Sie den Obstsalat mit an den Arbeitsplatz nehmen, transportieren Sie Obst und Joghurt getrennt. Mixen Sie ihn kurz vor dem Verzehr. Dazu gibt es – siehe oben – auch noch ein Sandwich.

Tip

Statt Krabben können Sie auch ein Matjesfilet oder ein Stückchen gebratenes Hähnchenfleisch oder geräuchertes Putenfilet verwenden.

RÜHREI MIT CHAMPIGNONS

1 Ei, Salz
100 g Champignons
1 Frühlingszwiebel
Pfeffer aus der Mühle
1 TL Butter oder Margarine
1 Stück Baguette oder 1 Scheibe Vollkornbrot

★★★

OBSTSALAT MIT VANILLECREME

½ Apfelsine
½ Apfel, 1 Banane
1 Becher Vanillejoghurt

1. Das Ei mit wenig Salz verquirlen. Die Champignons in dünne Scheiben, Frühlingszwiebel in Ringe schneiden.
2. Eine beschichtete Pfanne erhitzen und die Champignons darin anbraten. Frühlingszwiebeln zugeben. Mit Salz und Pfeffer würzen. Butter oder Margarine zugeben und die Champignons zu Ende braten und warm stellen.
3. Das Rührei in der Pfanne stocken lassen und neben den Cham-pignons anrichten. Dazu gibt es Baguette oder Vollkornbrot.
★★★ Apfelsine, Apfel und Banane kleinschneiden und mischen. Den Joghurt verquirlen und über das Obst geben.

KRABBENBROT

1 EL Salatcreme
einige Tropfen Zitronensaft
Salz, Pfeffer, 1 EL gehackter Dill
50 g Krabbenfleisch
einige Salatblätter
1 Scheibe Vollkornbrot oder 1 Sesambrötchen

★★★

MÖHREN-SELLERIE-SALAT

1 Möhre
1 Stück Knollensellerie
½ Apfel, 1 EL Zitronensaft
Salz, Pfeffer
1 EL grob gehackte Haselnüsse

1. Salatcreme mit Zitronensaft, Salz, Pfeffer und Dill verrühren. Die Krabben unterheben. Die Salatblätter auf das Vollkornbrot oder

DIE KREBS-DIÄT

die Brötchenhälften legen und den Krabbensalat daraufhäufen.

★★★ Möhre, Knollensellerie und Apfel raffeln. Mit Zitronensaft, Salz und Pfeffer würzen. Die Haselnüsse unterheben.

FRIKADELLENBROT

1 Scheibe Vollkornbrot
2 TL Remoulade (Tube)
einige Salatblätter
1 kleine Frikadelle (fertig gekauft)
Salz, Pfeffer, 1 Gewürzgurke

★★★

BUNTER SALAT

1 EL Salatcreme
1 EL Weinessig
Salz, Pfeffer, 1 TL Zucker
3 Kartoffeln
½ Bund Radieschen
1 Stückchen grüne Gurke
einige Salatblätter

1. Das Brot mit Remoulade bestreichen und mit Salatblättern belegen. Die Frikadelle in Scheiben schneiden und auf dem Brot verteilen. Mit

Salz und Pfeffer würzen, Gewürzgurke fächerförmig aufschneiden und darauflegen.

★★★ Eine Sauce rühren aus Salatcreme, Weinessig, Salz, Pfeffer und Zucker. Kartoffeln und Radieschen in Scheiben schneiden, die Gurke würfeln. Die Salatblätter zerpflücken. Alles unter die Salatsauce heben.

PFANNKUCHEN MIT AHORNSIRUP

1 Ei, Salz
2 EL Ahornsirup
1 Franzbrötchen

★★★

MELONE MIT SCHINKEN

½ Honigmelone
50 g Parmaschinken
Pfeffer aus der Mühle

1. Ei mit Salz verquirlen und in einer beschichteten Pfanne zum Omelett ausbacken. Mit Ahornsirup beträufeln. Dazu Brötchen.

★★★ Melone in Schnitze teilen, den Schinken mit Pfeffer würzen und rundherum legen.

Tip

Statt Frikadelle können Sie jede andere Sorte mageren Aufschnitts nehmen: Je 2 Scheiben Corned beef, Roastbeef, geräucherte Putenbrust, Sülzwurst, besonders Geflügelsülze – auch 50 g frisch durchgedrehtes Tatar.

Tip

Salatcreme ist die magere Version von Mayonnaise. Sie enthält nur 30 % Fett und wird auf Joghurtbasis hergestellt.

Tip

Statt Ahornsirup können Sie auch Honig nehmen – oder Kompott, wie z. B. Sauerkirschen oder Apfelmus aus dem Glas.

DIE KREBS-DIÄT

Tip

Wenn Sie den Salat mit ins Büro nehmen wollen, füllen Sie ihn in eine gut verschließbare Kunststoffdose. Und da Sie ja nicht gern allein essen, bringen Sie Ihrer Kollegin oder Ihrem Kollegen gleich eine Portion mit. Sie können sich ja mit diesem Service täglich abwechseln.

Tip

Wenn Sie die Suppe mit an den Arbeitsplatz nehmen möchten, füllen Sie sie in ein Schraub-glas (ausgebrauchtes Gurkenglas) und erhit-zen Sie sie am Arbeits-platz in der Mikrowelle.

Tip

Wichtiger als ein Herd ist am Arbeitsplatz eine Mikrowelle, in der Sie sich schnell mal etwas warm machen können.

WURSTSALAT

1 EL Öl, 1 EL Weinessig
2 EL Wasser
2 Msp. Instant-Brühe
1 TL Zucker
1 Frühlingszwiebel
100 g Champignons
1 Wiener Würstchen oder
2 Scheiben Aufschnitt oder
50 g gebratenes Fleisch
1 Tomate
1 Portion gek. Reis, Nudeln oder Kartoffeln

1. Eine Sauce zubereiten aus Öl, Weinessig, Wasser, Instant-Brühe und Zucker. Die Frühlingszwiebel in Ringe schneiden und zur Sauce geben.
2. Champignons und Würstchen in dünne Scheiben schneiden, die Tomate achteln. Alles mit der Sauce mischen.
3. Reis, Kartoffelscheiben oder in mundgerechte Stücke geschnittene Nudeln unterheben.

GEMÜSESUPPE

3 Kartoffeln
150 g Gemüse (z. B. Blumenkohl, Brokkoli, Kohlrabi, Möhren, Erbsen, Knollensellerie oder ein Gemisch aus mehreren Sorten)
1 $\frac{1}{2}$ Tassen Wasser
1 TL Instant-Gemüsebrühe
1 Wiener Würstchen oder
2 Scheiben Aufschnitt oder
50 g gebratenes Fleisch
Salz, Pfeffer
2 EL gehackte Petersilie

1. Kartoffeln und Gemüse putzen und kleinschneiden. Kartoffeln in dem Wasser zusammen mit der Instant-Brühe 10 Minuten kochen.
2. Das Gemüse zugeben und solange weiterköcheln, bis es biß-fest ist.
3. Würstchen, Aufschnitt oder Bra-ten in Scheiben, Streifen oder Wür-fel schneiden und zugeben.
4. Mit Salz und Pfeffer abschmek-ken, mit Petersilie bestreuen.

DIE KREBS-DIÄT

SANDWICH

2 Scheiben Vollkornbrot
1 EL Salatcreme
einige Salatblätter
2 Scheiben Käse oder Aufschnitt

1. Die Brote mit Salatcreme bestreichen. Die Salatblätter darauf verteilen.
2. Mit Käse oder Aufschnitt belegen. Die Brote zusammenklappen und in der Mitte durchschneiden.

SCHNELLE LUNCHPAKETE, FFRTIG ZU KAUFEN

● Kräuterquark (Fertigprodukt) mit 2 Scheiben Vollkornbrot
● Früchtequark (Fertigprodukt) mit 2 Brötchen
● 1 große Portion Rohkost mit Joghurtdressing und 2 Brötchen
● Fleischbällchen mit Kartoffelsalat mit Essig und Öl
● 1 Wiener Würstchen und Kartoffelsalat mit Essig und Öl
● Gebratenes Fischfilet mit Gemüsesalat und Joghurtdressing
● Bunter Gemüsesalat mit Thunfisch und Joghurtdressing
● 1 Portion Hering in Gelee mit 2 Scheiben Vollkornbrot
● 1 Portion Instant-Kartoffelsuppe (Fertigprodukt) mit 2 Scheiben Vollkornbrot
● 1 Portion Instant-Nudelsuppe mit 2 Scheiben Vollkornbrot
● 1 Portion Instant-Gemüsesuppe mit 2 Scheiben Vollkornbrot oder Brötchen
● 2 halbe Käsebrötchen
● 2 halbe Brötchen mit Tatar und Zwiebeln

Tip
Für das Sandwich nehmen Sie am besten saftiges Vollkornbrot: Sonnenblumenkernbrot, Haferbrot, alle Sorten, die noch dicke Körner enthalten.

Tip
Belag für das Sandwich:
Gouda, Emmentaler, jede Art von würzigem Schnittkäse.
Oder 2 Scheiben magerer Aufschnitt, wie z. B. Corned beef, Roastbeef, Sülze, gekochter Schinken oder Geflügelaufschnitt.

LUNCHPAKETE
Von den fertigen Lunchpaketen können Sie besonders dann Gebrauch machen, wenn Sie damit Bärenhunger verhindern. Besser ist es jedoch, seine Lunchpakete abends selbst zuzubereiten und am nächsten Tag mit ins Büro zu nehmen.

DIE KREBS-DIÄT

★★★★★★★★★★★★★★★★★★★★★★★★★★★★★★★★★★★★★★

Tip

Statt Rindfleisch können Sie Schweinefilet oder Schweineschnitzel nehmen. Oder ein Gemisch von Rind- und Schweinefleisch. Auch Putenschnitzel oder Hähnchenbrustfilet – die Garzeit ist dann kürzer – schmecken in dieser würzigen Sauce.

Tip

Statt grüner Bohnen können Sie Champignons, Möhren, Erbsen und Zuckerschoten, Streifen von Wirsing, Zucchini oder Gurke nehmen. Die letzten drei Gemüsesorten brauchen nur 3 Minuten, bis sie gar sind.

Tip

Als Fischfilet für den Pfannfisch eignen sich Kabeljau, Rotbarsch, Seelachs oder Scholle. Wenn Sie keine Zucchini haben, können Sie auch Salatgurke nehmen.

RINDFLEISCH MIT GRÜNEN BOHNEN
Foto Seite 60 und 61

150 g Huftsteak
2 Zwiebeln
150 g Prinzeßbohnen oder 1 kleines Paket tiefgekühlte Bohnen
1 EL Öl, 1 Lorbeerblatt
1 Tasse kräftige Brühe (Instant)
1 EL Crème fraîche
1 EL Paprika- oder Tomatenmark (Tube)
1 Knoblauchzehe
Salz, Pfeffer aus der Mühle
1 EL frisches, gehacktes Bohnenkraut oder ½ TL getrocknetes Bohnenkraut oder Majoran
3 Kartoffeln

1. Fleisch in dicke Scheiben schneiden. Zwiebeln grob hacken. Prinzeßbohnen in 5 cm lange Stücke schneiden.
2. In einem Topf Öl erhitzen, Fleisch und Zwiebeln scharf anbraten. Lorbeerblatt zugeben. Mit etwas Brühe ablöschen. Das Fleisch ca. 20 Minuten bei mittlerer Hitze schmoren. Brühe nach und nach zugießen. Prüfen, ob das Fleisch weich ist. Sonst weiterköcheln lassen, Wasser nachgießen.
3. In einer Tasse Crème fraîche, Paprikamark, zerdrückte Knoblauchzehe, Salz und Pfeffer verrühren und alles zum Fleisch geben. Die Bohnen zugeben und 10 Minuten weiterköcheln lassen. Bohnenkraut unterrühren.
4. Dazu gibt es Pellkartoffeln.

PFANNFISCH

150 g Fischfilet
einige Tropfen Zitronensaft
Salz, Pfeffer
3 Frühlingszwiebeln
1 Zucchini
3 gekochte Kartoffeln
einige Tropfen Öl
½ Tasse Wasser
1 EL Crème fraîche
2 EL Senf
1 TL getrockneter Estragon

1. Fischfilet mit Zitronensaft, Salz und Pfeffer würzen. Frühlingszwiebeln schräg in dicke Scheiben, Zucchini in Würfel, Kartoffeln in Schnitze schneiden.

★★

2. Eine beschichtete Pfanne mit einigen Tropfen Öl auswischen. Kartoffel- und Fischwürfel scharf anbraten. Zucchini und Frühlingszwiebeln zugeben, kurz mitbraten. Mit Salz und Pfeffer würzen.

3. Wasser mit Crème fraîche, Senf und Estragon verrühren, darübergießen und einmal aufkochen.

BLUMENKOHL-AUFLAUF

3 Kartoffeln
Salz
1 Tasse Wasser
1 TL Instant-Gemüsebrühe
1 Portion gekochte Blumenkohl-röschen
100 g Corned beef
2 EL Zitronensaft
Pfeffer
2 EL gehackte Petersilie
1 EL Butter oder Margarine
2 EL Semmelbrösel

1. Die Kartoffeln schälen, würfeln und in Salzwasser mit Instant-Gemüsebrühe sehr weich kochen. Nach 10 Minuten Kochzeit den Backofen auf 200 Grad vorheizen.

2. Die Blumenkohlröschen in eine ofenfeste Form legen. Corned beef würfeln und darauf verteilen. Mit Zitronensaft, Salz, Pfeffer und Petersilie würzen.

3. Die Brühe von den Kartoffeln in ein Gefäß abgießen. Die Kartoffeln mit der Hälfte der Butter mit dem Elektroquirl pürieren. So viel Brühe zugießen, bis das Püree eine cremige Konsistenz hat. Die restliche Brühe weggießen. Das Kartoffelpüree noch einmal abschmecken.

4. Das Kartoffelpüree auf dem Blumenkohl verstreichen. Mit Semmelbrösel bestreuen und die restliche Butter als Flöckchen daraufsetzen. 20 Minuten im Backofen mit 200 Grad überbacken, bis die Semmelbrösel goldbraun sind.

Tip
Für den Blumenkohl-Auflauf können Sie statt Corned beef auch gekochten Schinken nehmen. Besonders würzig schmeckt er mit 1/3 Kringel von Blut- oder Grützwurst. Nicht die Nase rümpfen – mal ausprobieren!

EXTRAS
● *Knäckebrot mit Kräuterquark*
● *1 Tasse Brühe und Schnittlauchbrot*
● *1 warme Portion Mais oder Erbsen mit wenig Butter und viel Petersilie*
● *Rohe Gemüsestifte und Kräuterquarkdip*
● *Salat aus gegartem Gemüse, wie z. B. Blumenkohl, mit Zitronensaft, Öl, Salz, Pfeffer und Petersilie*

DER LÖWE

DER TYPISCHE LÖWE

PERSÖNLICHKEIT

Herrschaftlich, selbstbewußt, stark, schöpferisch, herzlich, offen, echt, bequem, eitel, großspurig, selbstsüchtig.

ORGANISATION

Er empfindet sich als Nabel der Welt und erwartet, daß andere sich nach ihm richten.

ERNÄHRUNG

Das Löwenauge ißt mit, am liebsten ist ihm ein fünfgängiges Gelage.

Selbstbewußt wie der König der Wüste stolziert er durchs Leben. Seine Philosophie ist einfach: Erstens lebt man jetzt – im Hier und Jetzt – und zweitens nur einmal, also heißt es, das Beste daraus zu machen. Er ist nicht zu übersehen. Entweder erregt er die Aufmerksamkeit durch seine dramatische Selbstdarstellung oder die wilde Schilderung von dramatischen Ereignissen, die manchmal eher zum Gähnen sind. Löwinnen zeigen eine majestätische Anmut, aber wehe, wenn sie sich bedroht fühlen, ihre Krallen sind scharf! Löwen haben eine arrogante Art, jedem zu erklären, wie das Leben im einzelnen und im besonderen zu funktionieren hat. Umsonst gibt es nicht so viele Lehrer, Psychiater und Politiker unter den Löwen. Ihre eigenen Angelegenheiten lösen sie selten so elegant. Sie sind tief getroffen, wenn man ihren Erkenntnissen und ihren Ausführungen nicht den entsprechenden Respekt oder gar Zweifel entgegenbringt. Kein Zweifel: Sie sind von sich überzeugt. Löwen haben ein dickes Fell

mit einer empfindlichen Stelle: ihre Eitelkeit. Aber wenn man diese Stelle mit Honig behandelt, ihnen denselben ums Maul schmiert und ihnen schmeichelt, kann man sie um den Finger wickeln.

EIN HERZ AUS PUREM GOLD

Sie haben einen Hang zur Familie. Damit gleichen sie dem Steppentier, das in Rudeln lebt, jagt und in der Sonne döst. Selten halten sie das Singledasein über längere Zeit aus. Zumindest umgeben sie sich mit Freunden und deren Fami-lien, sozusagen mit Leihfamilien. Sie verbreiten Wärme, haben ein leistungsfähiges Herz. Für echten Kummer haben sie mehr Verständnis als für unechten Schmuck.

LÖWEN LIEBEN DEN LUXUS

Zur Lebensqualität gehört auch eine gehörige Portion Luxus. Wer da nicht mithalten kann, ist leichte Beute. Ihre schlauen und schöpferischen Fähigkeiten geben den Löwen den Luxus-Überlebensgarantieschein.

DAS SAGEN DIE STERNE
ZU SEINEN PFUNDEN

★★★★★★★★★★★★★★★★★★★★★★★★★★★★★★★★★★★★ **LÖWE**

Ein Löwe ist so eitel wie ein Pfau. Er rollt nicht durchs Leben, er schreitet. Immer wird er darauf achten, daß er eine gute Figur abgibt und auch gesehen wird. Und das bis ins hohe Alter. Sein wichtigstes Kapital: ein gesunder, gut durchtrainierter Körper, meistens braungebrannt. Die Bräune stammt häufig nicht von der Sonnenbank, sondern vom Dösen in der echten Sonne. Ein beleibter Löwe ist eine Seltenheit und signalisiert: Löwe ohne Lust zum Strahlen, Löwe in Krise. Diese Unlust und Gleichgültigkeit kann sich breit machen, wenn der Löwe eins auf sein dickes Fell gekriegt hat, wenn Erfolge ausbleiben, wenn er nicht mehr respektiert und ernst genommen wird. Häufig hat er es mit seiner Eitelkeit so übertrieben, daß er sich der Lächerlichkeit preisgegeben hat. Das kann in der Familie passieren, aber auch im Beruf. Fehlt ihm die Bestätigung, seine wichtigste Triebfeder, läßt er sich leicht hängen.

EINE DIÄT GIBT IHM WIEDER KRAFT

Löwen, besonders Löwinnen, haben einen Hang zum Naschen. Erhobenen Hauptes weisen sie am Eßtisch einen Nachschlag weit von sich, hinterher muß die Pralinenschachtel herhalten. Diese behäbigen Tiere sind im Grunde kleine Naschkatzen. Dazu kommt auch noch, daß sich Löwen lieber mit einer Sänfte durchs Leben schaukeln lassen, als sich auf den eigenen Pfoten zu bewegen. Deshalb gehört zu einer vernünftigen, ganz klar umrissenen Diät auch noch ein Fitneßtraining für die Löwen und ein Tanztraining für die Löwinnen … da steppt dann nicht der Bär, sondern die Löwin. Einmal damit begonnen, essen und sporteln sie sich eine durchtrainierte Figur an, mit der sie dann wieder imponieren können. Das Ergebnis: ein gesunder und strahlender Löwe. Für die Aussicht, wieder zu glänzen, wieder zu strahlen, tut der Löwe alles. Allein die Vorstellung, wieder fit und in Form zu sein, baut ihn auf, macht ihn wieder mächtig.

SO ISST UND KOCHT DER LÖWE

LÖWE ★★★★★★★★★★★★★★★★★★★★★★★★★★★★★★★★★★★★★★

Wie man ja aus der Werbung weiß, lieben Katzen Dosenfutter. Löwen schrecken in sozialen Dürreperioden, wenn sie keiner einlädt oder für sie kocht, nicht davor zurück, sich von Konservendosen, Fertiggerichten und Tütensuppen zu ernähren – allerdings dann aus dem Sortiment der Luxusklasse. Ganz einfach, weil sie zu faul sind, sich etwas Ordentliches zu kochen. Oder sie essen gar nichts. Vorsicht: Sie naschen! Am liebsten ist ihnen ein mehrgängiges Essen, das sie fix und fertig vorgesetzt kriegen. Anschließend würden sie sich gern unter einen schattigen Baum legen und sich kraulen lassen. Ein Essen zu planen, macht ihnen mehr Spaß, als es zuzubereiten. Sie fühlen sich wohl, wenn alle um ihren Eßtisch sitzen und wollüstig schmatzen. Wenn Sie beim Löwen zum Essen eingeladen sind, kommen Sie nicht dazu, Messer und Gabel wegzulegen. Sie kommen aus dem Staunen nicht raus. Es gibt noch einen Gang und noch einen, und wenn Sie glauben, nun ist Schluß, kommt noch

ein köstlicher Nachtisch. In der Küche erkennt man den trägen Löwen wieder. Er tut so, als seien es seine eigenen Kreationen, alles eigenpfötig erfunden und zubereitet. Aber in Wahrheit stammen nur die Ideen von der Haus-Frau, von dem Haus-Löwen.

DER LÖWE BRAUCHT ZUM KOCHEN IMMER EIN MÄUSCHEN

Also, der Löwe geht daher und lädt ein. Sieht so aus, als wenn er sich selbst die Pfoten dafür brechen würde. Stellt er auch so hin. Aber wenn Sie genauer hinschauen, steckt dahinter ein Feinkostladen oder eine gute Freundin, die den Löwen und Löwinnen tatkräftig zur Seite stehen – und möglichst ganz dicht am Herd. Die Hände selber richtig schmutzig zu machen, ist nicht so sehr des Löwen Ding. Er ist ja so entsetzlich hilfsbedürftig. Er liegt doch lieber unter seiner schattigen Palme und steuert alles fern.

SO ISST UND KOCHT DER LÖWE

★★★★★★★★★★★★★★★★★★★★★★★★★★★★★★★★★★★★★★ **LÖWE**

SEINE MAHLZEITEN
ÜBERLÄSST ER DEM ZUFALL

Der Löwe ist auch nur ein Mensch. Er muß seinen Pflichten, seinen Terminen nachkommen, gerät manchmal — wie jeder normale Mensch — auch unter Zeitdruck. Regelmäßige Essenszeiten sind oft nicht einzuhalten. Aber dann schleicht er sich von seiner schattigen Palme in den nächsten Supermarkt und steckt sich die Taschen voll mit Nüssen und Schokoriegeln, da wo ein anderer Mensch zum Salat greift. Im Restaurant und in der Kantine steht er häufig ziemlich unentschlossen vor dem Angebot oder der Speisekarte. Er greift eher zu drei Gängen als zu einem und futtert alles gnadenlos auf, wenn's gut schmeckt. Die Naschkatze Löwe kommt natürlich nicht am Nachtisch vorbei, sei es ein dicker Pudding oder ein sahniges Tiramisu. Ein sehr eitler Löwe, der begriffen hat, daß fettes Essen fett macht, ißt dann lieber gar nichts.

VOM GUTEN ESSEN
VERSTEHT ER NICHT SO VIEL

Löwen sind keine Feinschmecker. Sie wissen zwar, was zur Zeit »in« ist, ob nun Sushi oder die neue Prager Küche, aber in die Details steigen sie nicht ein. Sie sind eher Zufallsesser. Ihnen fehlt häufig das Wissen um alles, was mit Essen zu tun hat. Sie machen sich auch nicht klar, daß Essen so etwas wie Medizin ist, die regelmäßig eingenommen werden muß. Mit einer vernünftigen Ernährung steuert auch ein Löwe sein gesamtes Betriebssystem, sämtliche Körperfunktionen. Löwen sollten aufpassen, sie haben leicht Probleme mit ihrem Blutdruck, der ist eher zu niedrig als zu hoch. Kommt von ihrer Bewegungsarmut, weil sie häufig nach dem Motto verfahren: Jede Bewegung schwächt! Löwen leben eben für ein glänzendes Fell und nicht für eine gesunde Leber.

DIE LÖWE-DIÄT

Wir haben es hier mit den ganz großen Katzen zu tun, besonders mit den Naschkatzen. Zum Selberkochen haben sie nicht viel Lust. Wenn sie Hunger haben, ist es ihnen ziemlich egal, was sie essen, selten wird es eine vernünftig zusammengestellte, gesunde Mahlzeit sein.

VIELE KLEINE MAHLZEITEN ZUM ÜBEN

Löwen sollten das Kochen regelrecht üben. Immer wieder kleine Gerichte, die gesund sind, die sie in Form bringen, die sie vom Naschen abhalten. Ein satter Löwe nascht nicht! Mit diesen Übungen schlagen sie gleich mehrere Fliegen mit einer Klappe: Sie lernen kochen, notfalls auch für ihr Rudel. Viele haben plötzlich Spaß am Kochen, können auf ihren Feinkostladen und die hilfreichen Freundinnen verzichten und sogar mit ihren frisch erworbenen Kochkünsten glänzen. Und sie lernen die Zusammenhänge zwischen einer leichten Küche und einem leichten Körper kennen.

FÜNF MAHLZEITEN AM TAG

Löwen sind Faultiere, deshalb bekommen sie auch die »Faultier-Diät« verordnet. Um überhaupt einmal hineinzuriechen, sollten die Löwen mit kleinen, einfachen Rezepten anfangen. Wichtig wegen ihrer Naschsucht: Fünf Mahlzeiten am Tag sollten es sein.

KOCHEN LERNEN IN KLEINEN SCHRITTEN

Wenn der Löwe diese Rezepte ausprobiert, ist er in der Lage, andere gesunde Rezepte zu kochen. Er stellt nämlich dabei fest, daß Kochen ziemlich einfach ist und nicht viel Zeit kostet (was ja seiner Faulheit sehr entgegenkommt). Ganz besonders, wenn man sich der TK-Gemüse bedient. Und da der Löwe ein schöpferischer Mensch ist, bekommt er auf diese Weise vielleicht auch Lust auf eigene Koch-Kreationen. Das wäre dann in der Tat ein Abschied von seinen Konservendosen, von alten Eßgewohnheiten, ganz besonders von seiner Ohne-mich-Haltung in der Küche.

DIE LÖWE-DIÄT

FRÜHSTÜCK

Das Frühstück für den Löwen und die Löwin kann süß oder salzig, warm oder kalt sein, oder eine Mischung aus beidem. Faustregel: Nie morgens ohne Frühstück aus dem Haus gehen. Sonst schleicht sich der hungrige Löwe zum nächsten Bäcker und kauft sich Schlemmerzungen (mit viel Speck und Käse) und ißt die genüßlich im Büro. Eine kleine Auswahl an einfachen Frühstücksrezepten steht auf den Seiten 82 und 83.

VIELE KLEINE EXTRAS
FÜR ZWISCHENDURCH

Ganz wichtig: Löwen sollten ihren Hunger nicht dem Zufall überlassen. Am besten sind Extras, die er auch gut mitnehmen kann. Das macht ihn widerstandsfähiger gegen Versuchungen am Arbeitsplatz, nämlich gegen Bonbons, Schokolade und Sahnetorte, die ihm von den lieben Kollegen angeboten werden. Was er zwischendurch alles »naschen« kann, kann er auf der Seite 84 nachlesen.

DAS MITTAGESSEN

Findet es zu Haus statt, gelten die gleichen Rezepte wie fürs Abendessen. Im Restaurant oder in der Kantine sollten sich die Löwen an ein Stück Fleisch (Steak, Hähnchenbrust, Putenschnitzel) mit einem großen Salat halten. Manche Löwen mögen auch Fisch – zugreifen! Für den süßen Löwenzahn kann es auch noch eine Nachspeise geben. Mit Obst oder Joghurt macht er nichts verkehrt.

ABENDESSEN
ZUM SELBERMACHEN

Hier gibt es für die Löwen auf den Seiten 84 bis 87 ein kleines Sortiment an Rezepten – warm und kalt. Die Gerichte sind nicht ganz so groß wie eine richtige Hauptmahlzeit, deshalb kann man sie auch mittags und abends essen. Das sind einfache Vorschläge, die der Löwe oder die Löwin ohne mütterliche Unterstützung selbst zubereiten kann.

DIE LÖWE-DIÄT

★★

Tip

Das Rezept »Brötchen süß & salzig« können Sie wie folgt abwandeln: Statt Marmelade können Sie Honig oder Johannisbeergelee nehmen. Statt Käse eine Scheibe mageren Aufschnitt, wie z. B. Roastbeef, Corned beef, Kasseler, gekochten Schinken.

Tip

Müsli können Sie gegen 4 EL Corn-flakes, Frühstücks- oder Haferflocken tauschen. Sie können auch ein Brötchen dazu essen.

Tip

Frischkäse-leicht ist die magere Version vom Frischkäse. Er eignet sich gut als Streichmittel für Brote anstelle von Butter oder Margarine.

BRÖTCHEN SÜß & SALZIG

1 Vollkornbrötchen
1 TL Butter oder Margarine
1 TL Marmelade
1 Scheibe Käse
einige Gurkenscheiben
Salz, Pfeffer
1 Stück Obst

Das Brötchen halbieren und mit Butter oder Margarine bestreichen. Die eine Hälfte mit Marmelade bestreichen. Die andere Hälfte mit Käse und Gurkenscheiben belegen, mit Salz und Pfeffer würzen. Hinterher gibt es Obst.

MÜSLI

1 Stück Obst (Apfel, Birne, Apfelsine)
1 Becher Vanillejoghurt (Magerstufe)
4 EL Müsli

Das Obst kleinschneiden und in einen tiefen Teller legen. Den Vanillejoghurt darübergießen. Mit Müsli bestreuen.

BUNTE KNÄCKEBROTE

3 Scheiben Knäckebrot
3 TL Frischkäse-leicht
1 TL Honig
1 Scheibe magerer Aufschnitt
1 Tomate
Salz, Pfeffer
1 Stück Obst

Die Knäckebrote mit Frischkäse bestreichen. Eine Scheibe mit Honig beträufeln. Eine Scheibe mit Aufschnitt, eine mit Tomatenvierteln belegen, mit Salz, Pfeffer und Schnittlauch – wenn Sie haben – würzen. Hinterher gibt es Obst.

KRÄUTERQUARK

1 kleinen Becher Kräuterquark (125 g)
1 Scheibe Vollkornbrot
1 Stückchen grüne Gurke

Etwas von dem Quark auf das Brot streichen, Gurkenscheiben darauf verteilen. Den Quark zu dem Gurkenbrot essen.

DIE LÖWE-DIÄT

★★★

SCHNITTLAUCH-RÜHREI

1 Ei
Salz, Pfeffer
1 Tomate
1 Scheibe Vollkornbrot
1 EL Schnittlauchröllchen
1 Stück Obst

Ei mit Salz und Pfeffer verquirlen.
Eine beschichtete Pfanne erhitzen
und die Eimasse unter Rühren langsam stocken lassen. Die Tomate in
Scheiben schneiden, auf dem Brot
verteilen. Rührei daraufhäufen und
mit Schnittlauch bestreuen. Hinterher gibt es Obst.

APFEL-OMELETT

1 kleiner Apfel
1 Ei
1 Prise Salz
2 EL Ahornsirup oder 2 TL Honig
2 Scheiben Toastbrot
1 TL Butter oder Margarine

Eine beschichtete Pfanne erhitzen,
den Apfel kleinschneiden und darin anbraten. Ei mit Salz verquirlen,
in die Pfanne gießen und auf
schwacher Hitze stocken lassen.
Das Omelett mit Ahornsirup be-
gießen. Das Brot toasten und mit
Butter oder Margarine bestreichen.

Tip

*Rühreier, Spiegeleier,
Pfannkuchen und
Crêpes lassen sich
problemlos ohne Fett
braten, wenn Sie eine
gut beschichtete Pfanne
besitzen. Das ist das A
und O für fettfreies
Braten. Zwei sollten Sie
haben. Eine mit einem
Durchmesser von 18
oder 20 cm zum Braten
von einzelnen Spiegel-
oder Rühreiern und eine
mit einem Durchmesser
von 26 oder 28 cm
zum Ausbacken von
Crêpes, Pfannkuchen
und für alle anderen
Pfannengerichte. Mit
diesen Pfannen sparen
Sie viel Fett – und das
ist es, was schlank hält.*

DIE LÖWE-DIÄT

★ ★

Das dürfen Sie zwischendurch alles essen

- Rohes Gemüse
- Frisches Obst
- Magermilchprodukte, wie z. B. Joghurt, Cremquark, Dickmilch
- Salate mit leichten Saucen, ohne Öl und Mayonnaise
- Brot, Brötchen und Knäckebrot, z. B. mit Quark und Kräutern, Gurken- oder Tomatenscheiben.

Das sollten Sie sich verkneifen – wenn es geht

Sahnetorte, Süßigkeiten und fette Saucen. Wenn Sie abends die Schokoladenstückchen nicht mehr zählen können und sich nur noch an ganze Tafeln erinnern können, haben Sie irgend etwas verkehrt gemacht.

SANDWICH

2 Scheiben Vollkornbrot
2 TL Frischkäse-leicht oder
2 TL Salatcreme
einige Salatblätter
2 Scheiben magerer Aufschnitt
1 große Portion Knabbergemüse
(Möhren, Paprikaschoten, Tomate, Gurke, Kohlrabi, Staudensellerie)

1. Brote mit Frischkäse oder Salatcreme bestreichen, Salatblätter und Aufschnitt darauflegen.
2. Das Gemüse in mundgerechte Stücke teilen. Sie können sich auch einen Salat daraus zubereiten mit einer leichten Sauce (s. »Kartoffelsalat« auf der nächsten Seite).

CROQUE MONSIEUR

1 Baguette-Brötchen
1 EL Salatcreme
1 TL Senf
einige Salatblätter
1 Scheibe Käse
1 Scheibe gekochter Schinken
1 große Portion Knabbergemüse
(s. oben)
Salz, Pfeffer

1. Das Brötchen halbieren. Eine Hälfte mit Salatcreme, die andere Hälfte mit Senf bestreichen.
2. Auf eine Hälfte Salatblätter, Käse, Schinken und Gurken- oder Tomatenscheiben legen, würzen. Die andere Hälfte daraufklappen.
3. Das restliche Gemüse in mundgerechte Stücke schneiden, evtl. zu einem Salat verarbeiten. Wenn Sie wollen, können Sie den Croque in einer Deckelpfanne oder im Backofen erhitzen, bis der Käse schmilzt.

LAUGENBREZEL MIT KÄSE

1 Laugenbrezel
2 TL Butter oder Margarine
einige Salatblätter
2 Scheiben Käse
1 Stück Obst oder
1 Portion Knabbergemüse

1. Die Brezel halbieren, mit Butter oder Margarine bestreichen. Salatblätter und Käse darauflegen.
2. Hinterher gibt es Obst, Knabbergemüse oder einen bunten Salat.

DIE LÖWE-DIÄT

★★★

KARTOFFELSALAT MIT TOMATEN

3 gekochte Kartoffeln
1 Wiener Würstchen
1 Stück grüne Gurke
2 Tomaten
1 Zwiebel
2 EL Salatcreme
1 EL Weinessig
Salz, Pfeffer
2 EL Schnittlauchröllchen

1. Kartoffeln pellen. Kartoffeln, Würstchen und Gurke in Scheiben schneiden. Tomaten achteln, Zwiebel würfeln.

2. In einer Salatschüssel eine Sauce rühren aus Salatcreme, Essig, Zwiebelwürfeln, Salz, Pfeffer und Schnittlauch.

3. Das kleingeschnittene Gemüse und das Würstchen zugeben, vorsichtig unter die Sauce heben und eine Weile ziehen lassen.

REISSALAT
Foto Seite 74 und 75

1 kleines gebratenes
Hähnchenbrustfilet
1 Staude Chicorée
1 Apfelsine
1 Portion gekochter Reis
Salz, Pfeffer
3 EL Cremquark
1 TL Crème fraîche oder
Salatcreme
½ TL Curry
1 TL Zucker

1. Das Hähnchenbrustfilet, Chicorée und eine halbe Apfelsine kleinschneiden. Alles in einer Schüssel mit dem Reis mischen. Mit Salz und Pfeffer würzen.

2. Die andere Hälfte der Apfelsine auspressen. In einer Tasse oder kleinen Schüssel eine Sauce rühren aus Cremquark, Apfelsinensaft, Crème fraîche oder Salatcreme, Curry, Zucker, Salz und Pfeffer. Die Sauce über den Salat gießen. Einmal vorsichtig umrühren.

Tip für Berufstätige
Die Gerichte von diesen beiden Seiten lassen sich gut vorbereiten und können dann als Lunchpaket mit an den Arbeitsplatz genommen werden. Die Salate in gut verschließbare Plastikdosen füllen. Diese Vorschläge gelten sowohl für Löwen als auch für Leute, die viel unterwegs sind oder in Büros arbeiten, in denen es keine vernünftige Kantine gibt.

Tip
Beim Kartoffelsalat können Sie statt des Würstchens auch 50 g Fleischwurst oder gebratenes Fleisch, aber auch 1 Matjesfilet oder ein Stück gebratenen Fisch hinzugeben. Beim Reissalat kann es statt Hähnchenbrust auch 50 g Krabbenfleisch sein.

DIE LÖWE-DIÄT

★ ★

Tip

Das ist das Grundrezept für eine leckere Erbsensuppe. Sie können aber auch eine Art Kartoffelsuppe daraus machen, indem Sie die Erbsen gegen Möhren und Knollensellerie (halbe/halbe) austauschen. Ein paar Möhrenstifte zurückbehalten und zum Schluß wieder zur Suppe geben.

Tip

Die Kartoffelpfanne können Sie auch mit anderen Gemüsesorten zubereiten. Mit ungegartem Gemüse, wie z. B. Zucchini oder mit bißfest gegartem Gemüse, wie z. B. Brokkoli oder Paprikaschoten.

ERBSENSUPPE

1 Kartoffel
1 kleines Paket TK-Erbsen (150 g)
1 ½ Tassen Wasser
1 TL Instant-Brühe
1 Zwiebel
1 Wiener Würstchen
1 Msp. Butter oder Margarine
1 EL Crème fraîche
Salz, Pfeffer
½ TL getrockneter Majoran
2 Scheiben Vollkornbrot

1. Kartoffel schälen und würfeln. Zusammen mit den Erbsen (1 EL Erbsen zurückbehalten) in dem Wasser mit Instant-Brühe weich kochen. Zwischendurch umrühren.
2. Zwiebel in Ringe, Würstchen in Scheiben schneiden und in einer beschichteten Pfanne mit etwas Butter oder Margarine braten.
3. Die Suppe mit dem Schneidstab pürieren, mit Crème fraîche verrühren, die zurückbehaltenen Erbsen zugeben und mit Salz, Pfeffer und Majoran abschmecken. Mit Zwiebeln und Wurstscheibchen anrichten. Dazu Vollkornbrot.

KARTOFFEL-PFANNE

3 gekochte Kartoffeln
100 g Champignons
2 Tomaten
1 Knoblauchzehe
1 EL gehacktes Basilikum
Salz
Pfeffer
1 EL Weinessig
2 EL Wasser
½ TL Instant-Brühe
4 EL geriebener Käse

1. Den Backofen auf 200 Grad vorheizen.
2. Kartoffeln pellen, Gemüse putzen. Kartoffeln, Champignons und Tomaten in Scheiben schneiden. Tomaten und Champignons in eine ofenfeste Form schichten.
3. Mit zerdrücktem Knoblauch, Basilikum, Salz und Pfeffer würzen.
4. Mit den Kartoffelscheiben das Gemüse abdecken.
5. In einer Tasse den Essig mit Wasser und Instant-Brühe verrühren, über das Gemüse gießen. Mit Käse bestreuen und 20 Minuten goldbraun überbacken.

DIE LÖWE-DIÄT

★ ★

GESCHNETZELTES MIT GEMÜSEBURGERN

50 g Schweinefilet oder Beefsteakhack

1 Frühlingszwiebel

150 Gramm Champignons

2 EL Keimöl (wird nicht gegessen!)

einige Tropfen Zitronensaft

Salz, Pfeffer

2 EL Wasser

1 EL Crème fraîche

1 EL gehackte Petersilie

2 Gemüseburger (TK-Fertigprodukt, Iglo)

1. Fleisch schnetzeln (Beefsteakhack zerkrümeln), Frühlingszwiebel in Streifen, Champignons in Scheiben schneiden.

2. Eine beschichtete Pfanne erhitzen und einige Tropfen Öl zugeben. Fleisch und Champignons scharf anbraten. Hitze herunterschalten. Frühlingszwiebeln zugeben. Mit Zitronensaft, Salz und Pfeffer würzen.

3. Wasser und Crème fraîche hineinrühren und einmal kurz aufkochen. Mit Petersilie bestreuen.

4. In der Zwischenzeit in einer zweiten Pfanne die unaufgetauten Gemüseburger nach Beschreibung auf der Packung auf beiden Seiten knusprig braten. Aus dem Fett heben, gut abtropfen lassen und neben dem Geschnetzelten anrichten.

Tip

Im Kochen ungeübte Löwen, die auch keine Lust haben, lange in der Küche zu stehen, sollten sich einmal das Angebot im Supermarkt an Tiefkühlkost ansehen. Dort finden sie das Rohgemüse geputzt und taufrisch eingefroren. Auch interessante Gemüsemischungen, wie zum Beispiel »Italienisches Pfannengemüse«. Kommt nur in die Pfanne, wird erhitzt und schmeckt lecker. Tiefkühlen ist eine Methode, Lebensmittel haltbar zu machen, ohne daß die Nährstoffe, Vitamine und Mineralstoffe verloren gehen.

24. AUGUST
BIS 23. SEPTEMBER

D

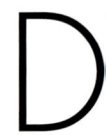

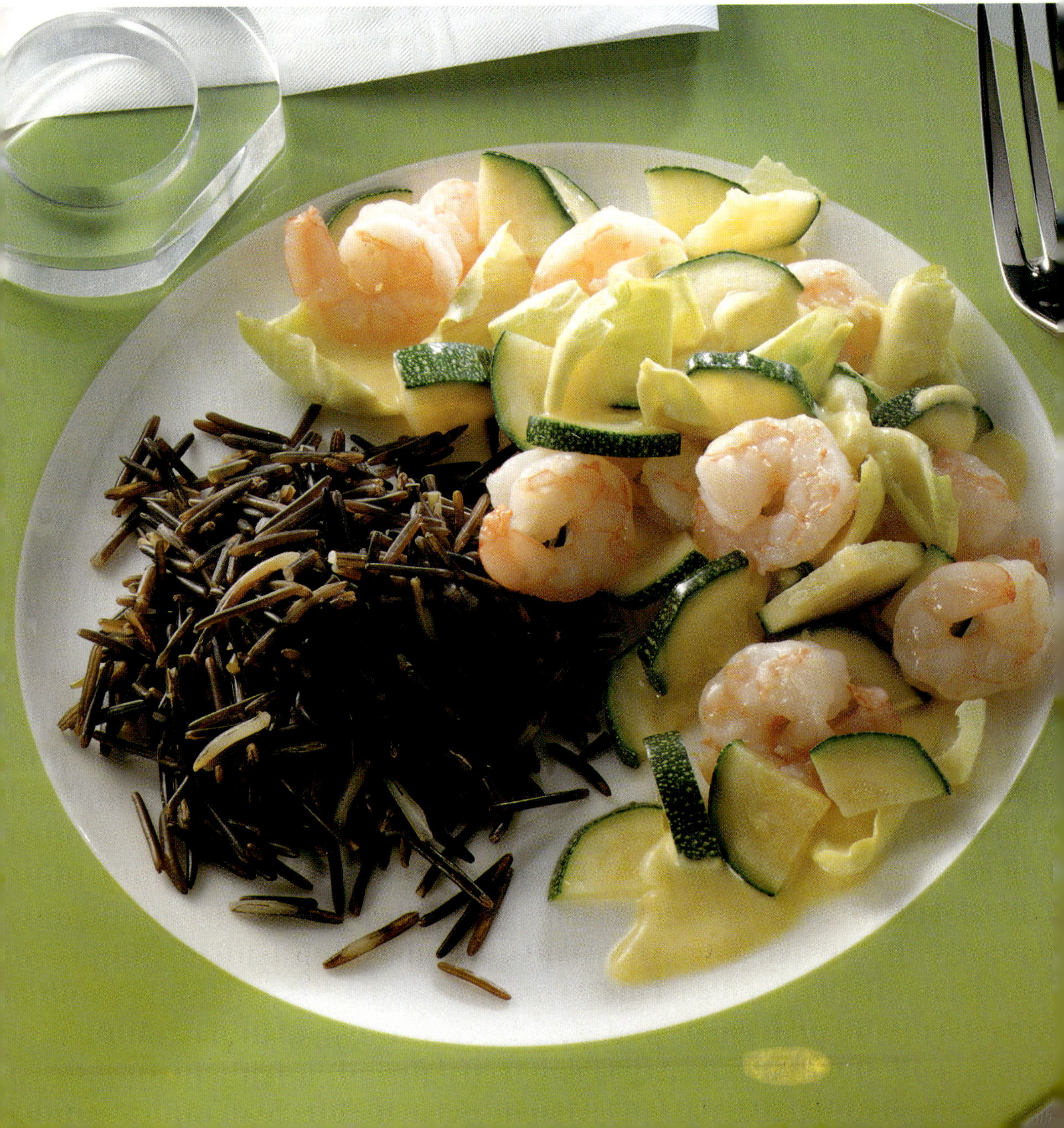

DIE TYPISCHE JUNGFRAU

★★★★★★★★★★★★★★★★★★★★★★★★★★★★★★★★★★★★★★

*Aufmerksam,
zuverlässig,
gewissenhaft,
bescheiden,
kritisch,
sachlich,
vernünftig,
analytisch.*

ORGANISATION

*Plant alles ganz genau,
hält sich nicht immer
daran.*

ERNÄHRUNG

*Vernünftig,
fast pedantisch,
das macht ihn
ziemlich fit.
Entpuppt sich
manchmal als
Gesundheitsfanatiker.*

Wenn Sie in einer Gesellschaft einen gut aussehenden, gepflegten Menschen sehen, der abseits steht und mit aufmerksamem Blick das Geschehen verfolgt, können Sie fast sicher sein, daß Sie es mit einer Jungfrau zu tun haben. Eine bescheidene Leisetreterin, lieber im Hintergrund als im Vordergrund, schätzt sie auch eher die sanften Töne als die seichten. Dummheit und Geschwätzigkeit gehen ihr auf den Keks. Darauf reagiert sie gereizt, was bei ihr eine Seltenheit ist. Denn sie ist ein sachlicher und vernünftiger Mensch, dem man seine inneren Ängste nicht anmerkt.

LIEBENSWERTE ZEITGENOSSEN

Man sagt ihnen vieles nach. Sie seien pingelig und zwanghaft ordentlich, sie seien Spießer und Pedanten. Stimmt nicht immer. Sie sind meistens charmant und liebenswürdig, manchmal drollig, sie sind keine schillernden, schrillen Typen. Gehören eher zur konservativen Sorte, eben keine Jeanstypen.

DAVON TRÄUMT DIE SCHWIEGERMUTTER

Jungfrauen sind wählerisch und anspruchsvoll, das gilt sowohl für die Kleidung als auch für das Essen und die Menschen, mit denen sie sich umgeben. Sie gehen nicht verschwenderisch mit Geld und Liebe um. Pünktlichkeit, Wahrheitsliebe und Zuverlässigkeit – bis hin zur Schmerzgrenze – gehören zu ihren Tugenden. Ihr analytischer Scharfsinn und ihre deutliche Ablehnung der Glitzerwelt machen sie zu Individualisten. Ein Typ, von dem die Schwiegermutter träumt. Die weiß allerdings nicht, daß sich ihr armes Kind einem Härtetest in puncto Romantik unterziehen müßte. Daß es büffeln muß, um mögliche Wissensdefizite auszugleichen, schließlich stellt die Jungfrau genauso hohe Ansprüche an ihre Intelligenz wie an die der anderen. Daß es ein Arbeitstier heiratet. Achtung! Bei der geringsten Auflehnung gegen diese Ansprüche verkrümelt sich die Jungfrau durch die Hintertür.

DAS SAGEN DIE STERNE ZU IHREN PFUNDEN

★★ **JUNGFRAU**

Auch ans Essen geht die Jungfrau mit einer ziemlichen Genauigkeit. Leicht und locker muß es sein, möglichst gesund. Unter keinem Sternzeichen findet man so viele Vegetarier, Rohköstler, Trennköstler und sonstige Spezialköstler wie unter den Jungfrauen. In jungen Jahren gehen sie noch ein bißchen lässiger mit ihrer Ernährung um, mit zunehmendem Alter – durch Pannen klug geworden – nehmen sie es genauer, entpuppen sich manchmal zu Gesundheitsfanatikern.

SIE FRESSEN ZUVIEL IN SICH HINEIN

Nicht in Form von echtem Essen, sondern in Form von Ärger, Streß und Ängsten. Das verursacht häufig Probleme mit ihrem Innenleben, auch mit ihrer Verdauung. Deshalb ernähren sich die meisten Jungfrauen vorsichtig und belasten ihren Organismus nicht unnötig mit schweren, mehrgängigen Menüs oder viel Alkohol. Passiert es ihnen doch einmal, daß sie über einen größeren Zeitraum »maßlos« gesündigt haben, sind sie selbst in der Lage – so klug wie sie nun einmal

sind –, die Notbremse zu ziehen, meistens durch strenge Abstinenz.

JUNGFRAUEN SIND ARBEITSTIERE

Man findet sie eher im Büro als auf Partys. Weil sie so zuverlässig sind, haben sie auch häufig verantwortungsvolle Bürojobs und drehen das Licht viel später aus als alle anderen. Ganz besonders davon betroffen sind die Jungfrauen-Frauen. Vor lauter Hunger – andere sitzen längst genüßlich beim Abendessen – fangen sie an, die Vorräte aus ihren Schubladen zu essen. Und darin kann nichts Gutes sein: Schokoladenriegel, Kekse, Gummibärchen. Jedenfalls nichts, womit man sich gesund ernähren kann. Dann vergessen sie ihre guten Vorsätze. Die Folge: ein dickes Ende im wahren Sinn des Wortes. Auch wenn Jungfrauen zu den fittesten Sternzeichen gehören, sollten sie beim Abnehmen zu einem leichten, gut verdaulichen Ernährungsprogramm greifen, deshalb bekommen sie die »Leichte Diät« verschrieben. Stellen Sie sich einmal vor, da ist ein großes Buffet auf-

SO ISST UND KOCHT DIE JUNGFRAU

★★★★★★★★★★★★★★★★★★★★★★★★★★★★★★★★★★★★

gebaut mit Lachs, Hummer und Kaviar, mit Avocados, feinsten Salaten, mit einem saftigen Prager Schinken und Roastbeef, mit Krüstchen gefüllt mit pikanten Käsecremes, mit feinster Patisserie, mit entzückenden kleinen Törtchen und Petits Fours. Was meinen Sie, was eine Jungfrau sich davon aussucht? Sie nimmt sich nur das kleinste Tellerchen, pickt wie ein Huhn im Buffet herum. Auf dem Tellerchen finden Sie dann einige Salatblätter, ein paar Krabben, etwas Geflügelfleisch und Käsekrüstchen. Den Prager Schinken rührt die Jungfrau nicht an, ist ja Schweinefleisch und fett. Das Roastbeef rührt sie auch nicht an, ist ihr zu roh. Die Salatsaucen rührt sie nicht an, da könnten ja Mayonnaise oder Konservierungsstoffe drin sein. Da gibt es aber noch den anderen Typ Jungfrau. Der greift zu dem großen Teller, lädt ihn sich randvoll, ziemlich wahllos, denn das Buffet ist kostenlos. Hier handelt es sich um die sparsame Jungfrau, die gerade – weil sie etwas umsonst bekommt – alle guten Ernährungsvorsätze über Bord geworfen hat.

SPEISEKARTE – RECHTS IST WICHTIGER ALS LINKS

Gastwirte müßten extra Jungfrauen-Menüs auf ihrem Plan haben. Entweder müssen diese Gerichte extrem grün sein oder extrem billig. Die einen Jungfrauen schauen unter den Salaten nach, die anderen unter den Preisen. Nicht selten treffen sie die gleiche Auswahl – Salate sind nun einmal billiger als das Lammkotelett mit dem Kartoffelgratin. Jungfrauen-Männer laden auch ihre Partnerinnen freundlich zum Essen ein. Sie haben aber die Fähigkeit, dem Mädel das Filetsteak auszureden und sie zum Hühnerbein umzustimmen, angeblich weil es gesünder ist. Die Wahrheit: Es ist nur billiger. Das ist die sparsame Jungfrau als Gastgeber.

MEHR SPARTANISCH ALS LUXURIÖS

Wenn Jungfrauen Sie zu sich nach Haus einladen, können Sie sich auf intelligente Gespräche gefaßt

SO ISST UND KOCHT DIE JUNGFRAU

★★★★★★★★★★★★★★★★★★★★★★★★★★★★★★★★

machen (lesen Sie vorsichtshalber vorher gründlich die Zeitung, damit Sie mitreden können), nicht auf ein opulentes Abendmahl. Rechnen Sie mit einem grünen Salat, mit einem duftenden Brot und einem guten Wein. Sie werden den Abend wegen der netten Leute genießen, die alle etwas Kluges zu sagen haben und heftig miteinander diskutieren. Rechnen Sie nicht mit einem gourmetmäßigen Höhepunkt. Ist ja auch in Ordnung, muß ja nicht immer sein. Auch ohne Besuch ernährt sich die Jungfrau schlicht und einfach. Große Kochkünste muß sie bei ihrer Ernährungsweise nicht draufhaben. Nur wenn die Jungfrau aus ihrer relativ schmalen Bahn geworfen wird, kann sie zu einem bacchantischen Typ mutieren. Jungfrauen werden geliebt wegen ihres Kopfes und nicht wegen ihrer Kochkünste.

MANCHMAL MIT MISSIONARISCHEM EIFER

Sie können sich auch als echte Sektierer und Esoteriker mit missionarischem Eifer entpuppen, wenn es ums Essen geht. Sie versuchen,

Sie davon zu überzeugen, daß Trennkost das einzig Wahre ist (obwohl die Wissenschaft das als Humbug betrachtet). Erzählen Sie einer Jungfrau nie, daß Sie sich ab und zu dringend einen BigMac reinziehen müssen. Sie würde diese Gelüste als Frevel an Geist und Körper abqualifizieren. Sie dürfen dieser Jungfrau auch nicht sagen, daß sie anfängt zu spinnen. Wer, sie? Da macht sie zu.

DIE GRÖSSTEN FESTE FEIERN DIE JUNGFRAUEN

Dennoch. Einmal im Jahr laden Jungfrauen zu einem großen Fest ein, das in die Geschichte des Stadtteils eingeht. Dort treffen sich Freunde, Prominente, kluge Menschen – witzig, spritzig, ausgelassen und fröhlich. Aufgetischt wird ein Riesenbuffet … und die Jungfrau pickt (siehe oben) darin herum oder ißt, bis sie platzt.

DIE JUNGFRAU-DIÄT

★★

Eines ist klar: Jungfrauen sind empfindliche Menschen, auch was das Essen anbetrifft. Magenmäßig sind sie zugestopft durch äußere Einflüsse – Streß und Probleme. Weil sie häufig Schwierigkeiten mit der Verdauung haben, experimentieren sie mit unterschiedlichen Ernährungsformen, teils mit Erfolg, teils ohne, oft auch mit Medikamenten. Kein Medizinschränkchen ist so gut bestückt wie das der Jungfrau. Manche vertragen kein rohes Gemüse, kein Getreide. Manche mögen viele Lebensmittel nicht, weil sie meinen, sie seien ohnehin nicht gesund. Wie zum Beispiel Schweinefleisch, das als Vitamin B-Lieferant eine hohe Bedeutung in unserer Ernährung hat. Aversionen gegen eine Vielzahl von Lebensmitteln kommen noch hinzu. Woher kommt diese Ablehnung? Manchmal übertragen Mütter ihre eigenen Aversionen gegen bestimmte Lebensmittel auf ihre Kinder, oder die Kinder entwickeln sie selbst. Wer als Baby mit grüner Matsche traktiert wurde, mag später keinen Spinat.

MEHR ZEIT ZUM GENIESSEN

Jungfrauen sind keine lustvollen, genießerischen Esser und keine kreativen Köche. Für sie gibt es eben wichtigere Dinge. Dabei würde es ihnen so gut bekommen, ein bißchen mehr für sich zu tun, als nur Essen als notwendiges Übel zu betrachten und eine eventuelle Mangelernährung mit einer Vitaminpille zu bekämpfen. Bei einem gemütlichen Essen scharen sich Frau, Kinder und Freunde um den Tisch, diese Essen haben eine wichtige, soziale Funktion. Und dienen auch der Entspannung, besonders wichtig für diese Arbeitstiere.

ESSEN – BALSAM FÜR DIE SEELE

Wenn eine überarbeitete Jungfrau findet, daß sie sich breit gesessen hat und etwas gegen diese Pfunde tun muß, tut sie gut dran, sich nicht plötzlich mit einigen wenigen Salatblättern zu kasteien. Sie sollte sich die Zeit nehmen und ihre »leichte« Diät genießen und sich dabei erholen.

DIE JUNGFRAU-DIÄT

★ **JUNGFRAU**

GEDÜNSTETES GEMÜSE MIT FEINEN SAUCEN

Eher zu Gemüse als zu Fleisch nei-
gend, gibt es für die Jungfrau viel
gedünstetes Gemüse und leicht
Verdauliches, wie z. B. Fisch und
Hähnchenfleisch. Jungfrauen sollten auch darauf achten, daß sie
viel trinken … Mineralwasser, verdünnte Obstsäfte, Gemüsesäfte
und viel Tee. Tee auch schon zum
Frühstück und am Arbeitsplatz.
Übrigens gibt es neuerdings jetzt
auch Früchtetees, die mit Vitaminen angereichert sind.

FRÜHSTÜCK

Nehmen Sie sich Zeit fürs Frühstück, gehen Sie nicht ohne aus
dem Haus. Packen Sie sich auch
ein paar Extras ein für die Zeit zwischen den Hauptmahlzeiten: Joghurt, Quark, Obst, rohes Gemüse
und Knäckebrot. Überlassen Sie
auch die Zwischenmahlzeiten nicht
dem Zufall — Sie wissen ja, daß
Sie den Tag wie festgeklebt am
Schreibtisch sitzen. Die Rezepte
fürs Frühstück stehen auf den
Seiten 96 und 97.

MITTAGESSEN

Wenn Sie in der Kantine oder im
Restaurant essen, greifen Sie lieber
zu Gemüse, Kartoffeln, Reis oder
Nudeln als zu Tellergerichten oder
Eintöpfen. Sie sind zu schwer für
Sie. Wenn Sie keine Gelegenheit
haben, mittags warm zu essen,
nehmen sie sich ein vernünftiges
Sandwich oder einen Salat mit an
ihren Arbeitsplatz. Rezepte dafür
finden Sie beim Löwen.

ABENDESSEN

Genießen Sie die Zeit, in der
Kartoffeln oder Reis kochen, das
sind mindestens 15 Minuten. Legen
Sie in der Zeit die Füße hoch,
werfen Sie einen Blick in die
Zeitung. Das ist auch genug Zeit,
um zu duschen und um sich etwas
Bequemes anzuziehen. Jungfrauen
pflegen sich doch so gern. Machen Sie es sich einfach gemütlich.
Zu essen gibt es dann leichte Gerichte mit feinen Ragouts oder
gedünstetem Gemüse. Die Rezepte
dafür stehen auf den Seiten 98 bis
101.

95

DIE JUNGFRAU-DIÄT

★★

HIMBEERQUARK MIT BUTTERTOAST

5 EL Cremquark
1 TL Crème fraîche
125 g frische Himbeeren oder
½ Paket TK-Himbeeren
2 Scheiben Vollkorntoast
2 TL Butter oder Margarine

Den Quark mit Crème fraîche verrühren und über die Himbeeren
geben. Das Brot toasten, mit Butter
oder Margarine bestreichen und
dazu essen.

HEISSE MILCH MIT HONIGBRÖTCHEN

2 Tassen Milch (1,5 % Fett)
1 Vollkornbrötchen
2 TL Butter oder Margarine
2 TL Honig
1 Mango

Die Milch erhitzen. Das Brötchen
mit Butter oder Margarine und
Honig bestreichen. Hinterher gibt
es eine Mango.

BANANENCREME

5 EL Cremquark
einige Tropfen Zitronensaft
1 TL Zucker oder Honig
1 Banane
2 Vollkornzwieback
2 TL Butter oder Margarine

Cremquark mit Zitronensaft und
Zucker oder Honig in eine Schüssel geben, eine halbe Banane
dazugeben und mit dem Schneidstab pürieren. Die restliche Banane
in Scheiben darauf verteilen. Dazu
gibt es Butterzwieback.

DICKMILCH MIT PFIRSICH

2 Pfirsiche
2 Tassen Dickmilch
1 EL gehackte Haselnüsse

Pfirsiche in Schnitze schneiden und
in einen tiefen Teller legen. Mit
Dickmilch übergießen und mit Nüssen bestreuen.

DIE JUNGFRAU-DIÄT

★★★★★★★★★★★★★★★★★★★★★★★★★★★★★★★★★★★★★★

EI IM GLAS

1 Ei
Salz
1 EL gehackte Kräuter
2 Scheiben Knäckebrot
2 TL Butter oder Margarine
1 Apfel
einige Tropfen Zitronensaft
1 TL Honig
1 Msp. Zimt

Das Ei wachsweich kochen und in ein Schälchen legen. Mit Salz und 1 TL Kräutern bestreuen. Das Knäckebrot mit Butter oder Margarine bestreichen und mit den restlichen Kräutern bestreuen, zum Ei essen. Hinterher gibt es einen geraspelten Apfel mit Zitronensaft, Honig und Zimt.

OMELETT MIT APFELMUS

1 Ei
1 Prise Salz
2 EL Apfelmus
1 TL Honig
2 Scheiben Vollkorntoast
2 TL Butter oder Margarine

Das Ei mit Salz verquirlen und in einer beschichteten Pfanne zu einem dünnen Omelett ausbacken. Auf einen Teller gleiten lassen. Das Apfelmus darauf verteilen. Das Omelett aufrollen und mit Honig beträufeln. Dazu gibt es Buttertoast.

Tip
Zu dem Ei im Glas paßt am besten Schnittlauch. Wer aber morgens keinen Schnittlauch mag, kann Petersilie oder Kresse nehmen.

Tip
Das Omelett können Sie auch mit Sauerkirschen (Glas), Pflaumenmus oder Johannisbeergelee füllen.

Tip
Wenn Ihre Pfanne keine tadellose Beschichtung hat, können Sie nicht fettfrei braten. Dann müssen Sie zwei Messerspitzen Butter oder Margarine zugeben.

DIE JUNGFRAU-DIÄT

★★

Tip

*Auf dieser Seite finden
sie alle leicht verdau-
lichen Beilagen. Das
Kartoffelpüree muß
immer frisch zubereitet
werden. Von Hirse, Reis
und Nudeln können Sie
gleich mehrere
Portionen vorkochen
und in einzelnen
Portionen einfrieren.
Diese Portionen
brauchen Sie – Berufs-
tätige haben ja wenig
Zeit – dann nur noch in
der Mikrowelle oder in
der Pfanne zu erhitzen.*

Tip

*Auf den nächsten
Seiten kommen eine
Reihe von Ragouts,
Geflügel- und Fisch-
gerichten, Eierspeisen
und Gemüsezuberei-
tungen, die zu diesen
Beilagen passen.*

KARTOFFELPÜREE

3 mehlige Kartoffeln

2 Tassen Salzwasser

1 EL Crème fraîche oder
2 EL Schlagsahne

Die Kartoffeln schälen und würfeln.
Zugedeckt in dem Salzwasser sehr
weich kochen. Das Kartoffelwasser
bis auf einen kleines Rest abgießen. Crème fraîche oder Sahne
zugeben und mit dem Elektroquirl
auf ganz langsamer Stufe cremig
rühren. Eventuell mit Salz, Muskat
oder Kräutern abschmecken.

HIRSE

½ Tasse Hirse (ca. 50 g)

1 Tasse Instant-Gemüsebrühe

1 TL Butter oder Margarine

Hirse in der Brühe einmal aufkochen und zugedeckt auf schwacher Hitze 20 Minuten quellen
lassen. Evtl. etwas heißes Wasser
nachgießen. Mit Butter oder Margarine vermengen.

NUDELN

100 g Nudeln

½ Liter Wasser

1 Prise Salz

einige Tropfen Öl

Das Wasser zum Kochen bringen,
Nudeln zugeben und leicht sprudelnd zugedeckt bißfest kochen. In
ein Sieb schütten, unter kaltem
Wasser abspülen, gut abtropfen
lassen und in dem noch heißen
Topf warm halten.

REIS

1 Tasse Wasser

1 Prise Salz

½ Tasse Parboiled Reis oder
Naturreis (ca. 50 g)

Wasser mit Salz zum Kochen bringen. Reis zugeben, einmal umrühren und zugedeckt 20 Minuten
auf schwacher Hitze garen. Hitze
auf kleinste Stufe stellen, Deckel
herunternehmen und 5 Minuten
abdampfen lassen.

DIE JUNGFRAU-DIÄT

PUTENFRIKADELLEN

1 Putenschnitzel (100 bis 150 g)
1 kleine Zucchini
1 Banane
1 EL Haselnüsse
2 TL Curry
2 TL Sojasauce
Salz, Pfeffer
1 EL Rosinen (ungeschwefelt)
4 EL Wasser
1 EL Crème fraîche
einige Tropfen Öl

1. Putenschnitzel, je ein Stückchen Zucchini und Banane kleinschneiden und zusammen mit den Haselnüssen, 1 TL Curry, 1 TL Sojasauce, Salz und Pfeffer im Blitzhacker nicht zu fein zerkleinern. Mit Rosinen mischen.

2. Restliche Zucchini und Banane in Scheiben schneiden.

3. Wasser mit Crème fraîche, je 1 TL Curry und Sojasauce, wenig Salz und Pfeffer verrühren.

4. Eine beschichtete Pfanne erhitzen, Öl zugeben. Aus dem Fleischteig vier Frikadellen formen und auf mittlerer Hitze 3 Minuten auf einer Seite braten. Frikadellen wenden und an den Pfannenrand schieben.

5. Zucchini- und Bananenscheiben zugeben und 3 Minuten auf mittlerer Hitze braten. Die Sauce zugießen, mit dem Gemüse mischen und einmal kurz aufkochen.

6. Dazu paßt eine der Beilagen.

Tip
Für die Klößchen können Sie statt Putenfleisch auch folgende Fleischsorten nehmen: Kalbschnitzel, Schweinefilet, Scheineschnitzel, Beefsteakhack, Hähnchenbrustfilet, Kalbs- oder Geflügelleber, Krebs- oder Krabbenfleisch. Vielseitige Klößchen, nicht wahr?

Tip
Trotz des Currys schmeckt dieses Gericht nicht scharf, eher mild durch die süße Banane.

DIE JUNGFRAU-DIÄT

★ ★

Tip

Wenn Sie keine Leber – keine Innereien – mögen, können Sie sie gegen zarte Fleischsorten austauschen: Rinder-, Kalbs-, Schweine- oder Geflügelfilet (Hähnchen- oder Putenbrust). Schmeckt immer wieder anders.

Tip

Frühlingszwiebeln bekommen auch nicht jedem. Wenn Sie auch dazugehören, nehmen Sie statt dessen ein Stückchen grüne Gurke (muß nicht Schmorgurke sein), Zucchini, gehackten Blattspinat oder saftige Freiland- Tomaten.

Tip

Brokkoli können Sie auch gegen gegarten Blumenkohl oder gegen dünne Lauchringe austauschen.

LEBER MIT ESTRAGONSAUCE

1 Scheibe Leber (Kalb, Schwein, Rind o. Geflügel, ca. 100 bis 150 g)

3 Frühlingszwiebeln

einige Tropfen Öl

½ TL getrockneter Estragon oder 1 TL frischer, gehackter Estragon

Salz, Pfeffer

½ Tasse Weißwein

1 EL Crème fraîche

1. Leber und Frühlingszwiebeln schräg in flache Scheiben schneiden.
2. Eine beschichtete Pfanne erhitzen, Öl zugeben. Die Leber rundherum braun braten. Zwiebeln zugeben und kurz mitbraten. Mit Estragon, Salz und Pfeffer würzen.
3. Weißwein nach und nach zugießen und einkochen lassen. Zum Schluß Crème fraîche hineinrühren und alles 3 Minuten köcheln lassen.
4. Dazu passen Kartoffelpüree, Reis oder Spaghetti.

BROKKOLI MIT HÄHNCHENBRUSTFILET

1 kleines Hähnchenbrustfilet oder 1 Putenschnitzel (100 bis 150 g)

150 g Brokkoliröschen ohne dicke Stiele

einige Tropfen Öl

Salz

Pfeffer

4 EL Wasser

2 EL Zitronensaft

1 EL Crème fraîche

1. Hähnchenbrust oder Putenschnitzel würfeln.
2. Eine beschichtete Pfanne erhitzen, Öl hineingeben. Fleischwürfel rundherum anbraten. Hitze herunterschalten und Brokkoliröschen zugeben. Mit Salz und Pfeffer würzen.
3. In einer Tasse das Wasser mit Zitronensaft und Crème fraîche verrühren und über das Gemüse geben. Vorsichtig umrühren und 3 Minuten köcheln lassen.
4. Dazu passen alle vier Beilagen oder Salz- oder Pellkartoffeln.

DIE JUNGFRAU-DIÄT

★ ★

FISCHFILET
IN DILLSAHNE

1 Scheibe Fischfilet (Kabeljau, Rotbarsch, Seelachs, Scholle oder Victoria-Barsch, 100 bis 150 g)
Salz, Pfeffer
einige Tropfen Zitronensaft
1 Stück grüne Gurke
4 EL Wasser
1 EL Crème fraîche
1 TL Senf
einige Tropfen Öl
2 EL gehackter Dill

1. Fischfilet in große Stücke zerteilen. Mit Salz, Pfeffer und Zitronensaft würzen. Eine Weile ziehen lassen. Die Gurke in Stifte schneiden.
2. In einer Tasse das Wasser mit Crème fraîche und Senf verrühren.
3. Eine beschichtete Pfanne erhitzen, Öl zugeben. Den Fisch rundherum goldbraun braten. Gurkenstifte untermischen. Mit Salz und Pfeffer würzen. Hitze herunterschalten. Senfsauce zugießen, etwas einkochen lassen. Mit gehacktem Dill bestreuen.
4. Dazu passen alle vier Beilagen.

CURRYSHRIMPS
Foto Seite 88 und 89

100 g Shrimps oder Krebsfleisch
einige Tropfen Zitronensaft
1 kleine Zucchini
1 kleine Staude Chicorée
knapp ½ Tasse Wasser
2 EL Crème fraîche
1 EL Zitronensaft
1 TL Curry
½ TL Zucker
Salz
Pfeffer

1. Shrimps abspülen und trockentupfen. Mit Zitronensaft beträufeln.
2. Zucchini längs vierteln, mit dem Chicorée in Scheiben schneiden.
3. In einer Tasse das Wasser mit Crème fraîche, Zitronensaft, Curry, Salz und Pfeffer verrühren. Die Sauce in einer beschichteten Pfanne aufkochen.
4. Shrimps und Zucchini in der Sauce 5 Minuten köcheln lassen. Mehrmals umrühren. Chicorée unterheben.
5. Dazu passen Reis – auch Wildreis, Nudeln und Hirse.

Tip

Das Fischfilet mit der Dillsahne schmeckt auch mit Schmorgurke (Saison), Zucchini und Lauchringen.

Tip

Die Curryshrimps schmecken so wie im Rezept prima. Die Zucchini können Sie höchstens noch gegen gehackten Blattspinat oder Mangoldblätter austauschen.

24. SEPTEMBER BIS 23. OKTOBER

DIE WAAGE

DIE TYPISCHE WAAGE

WAAGE ★★★★★★★★★★★★★★★★★★★★★★★★★★★★★★★★★★★★★★

PERSÖNLICHKEIT

*Lebensfroh,
gefühlvoll,
anmutig,
bescheiden,
liebenswürdig,
stilvoll,
ästhetisch,
harmonisch,
sinnlich,
zärtlich,
launisch,
manipulierbar.*

ORGANISATION

*Wägt endlos ab, kann
sich nicht entscheiden.
Mal faul, mal fleißig.*

ERNÄHRUNG

*Mit dem Essen hat sie
wenig Probleme, eher
mit dem Naschen, mit
Zigaretten und Alkohol.*

Scheinbar segeln sie wie Friedenstauben durchs Leben, diese Waage-Menschen. Besonders die Mädchen. Durch ihre Anmut, ihre feinen Gesichtszüge, ihre sanften Stimmen, ihr strahlendes Lächeln. Die Waage-Männer fallen etwas robuster aus, sind aber auch von der leisen Sorte. Mit ihrer Fröhlichkeit und ihrem Bedürfnis nach Harmonie sind sie wahre Wärmflaschen in dieser kühlen Welt.

SIE VERSCHÖNERN DIE WELT

In jeder steckt ein kleiner Künstler, der sich zuständig fühlt für die Verschönerung der Welt und nicht für die kleinen Karos des Lebens. Mit ihrem Sinn für Froh- und Unsinn, ihrer Sensibilität, ihrer Gutmütigkeit, ihren wohldosierten Schmeicheleien, ihrem Verständnis, ihrer Intelligenz setzen die Waage-Menschen Glanzlichter, die trübe Seelen erhellen können. Obwohl manchmal selbst sehr unruhig, lassen sie andere in Ruhe leben, drängeln und hetzen nicht.

MAL OBEN, MAL UNTEN

Wie das auch bei einer Waage der Fall ist, heben und senken sich auch bei der Sternzeichen-Waage die Schalen mal nach oben und mal nach unten. So können diese Menschen monatelang ganz fleißig sein und nichts als ihre Arbeit sehen – plötzlich entpuppen sie sich zu regelrechten Faultieren, ein paar Wochen später sind sie wieder die fleißigen Bienen. So kann auch ihre gute Laune in tiefe Trübsal umschlagen und ihr unendliches Verständnis in kleinliche, nervige Debatten.

DIE EWIG UNENTSCHLOSSENEN

Wie der Name schon sagt, wägt die Waage alles ab – bis hin zur totalen Unentschlossenheit. Sie kann sich nicht für einen einzigen Beruf entscheiden, sondern sie muß zwei haben und doppelt so viel Streß. Genauso wenig kann sie sich für eine einzige Frau oder einen einzigen Mann entscheiden, bis daß der Tod sie scheide. Sie ist eine fröhliche Hängepartie.

DAS SAGEN DIE STERNE
ZU IHREN PFUNDEN

★★★★★★★★★★★★★★★★★★★★★★★★★★★★★★★★★★ **WAAGE**

Für die meisten Waage-Männer und -Frauen gilt: Richtig dick sind sie selten, höchstens sympathisch rund, die Mehrzahl ist eher eckig und kantig. Wenn sie dick werden, haben sie eine zu lange Ruhephase eingelegt und sich im Übermaß der Muße hingegeben.

DÜNN – MANCHMAL FAST MAGER
Die Waage-Mädchen sind eher dünn als dick. Sie können es einfach nicht ertragen, ihrem Bild von einem Schönheitsideal nicht zu entsprechen. Sie sind auch noch davon überzeugt, daß sie nur dünn und gut gelaunt geliebt werden. Großer Irrtum! Ganz besonders die, die sich beruflich fleißig unter Streß setzen, sind dünn, fast mager, picken im Essen herum, trinken zuviel Kaffee und rauchen zu viele Zigaretten. Alkohol kann in diesen Streßsituationen auch zum Problem werden. Viele Fotomodelle sind Waage-Mädchen – Twiggy läßt grüßen. Lustvolles Essen und Genießen kennen sie nur in den Ruhephasen. Dann reagieren sie ziemlich schnell mit Gewichtszunahmen. So entstehen plötzlich wunderschöne, runde Engel mit sanften Kurven.

HÄUFIG KRÄFTIG – SELTEN DICK
Ähnliches trifft auch auf Waage-Männer zu. Wenn sie die Arbeitswut gepackt hat, dann sitzen sie – wie die Frauen – in einem gut sortierten Schadstoffdepot.

MEHR VITAMINE – MEHR MINERALIEN
Das Problem der Waage ist nicht das Zuviel oder das Zuwenig an Nahrung, sondern die richtige Zusammenstellung. Wenn man so ungesund lebt, wie die Waage-Menschen das manchmal tun, muß man mit einer qualitativ hochangesiedelten Ernährung die Defizite ausgleichen. Also fast ein Übermaß an Vitaminen und Mineralstoffen, damit sie bei ihrem hohen Bedarf (Nikotin und Alkohol verschlingen viel von diesen lebenswichtigen Stoffen) vernünftig versorgt werden. Das kann man als Schadensbekämpfung, aber auch als Prophylaxe betrachten.

SO ISST UND KOCHT
DIE WAAGE

★★★★★★★★★★★★★★★★★★★★★★★★★★★★★★★★★

Ausgewogene Waage-Menschen verhalten sich wie ganz normale Esser. Sie sind Genießer, aber nicht abhängig vom Essen. Sie essen selten wahllos drauflos, sie denken darüber nach, was ihnen in diesem Moment schmecken könnte. Kompromisse machen sie nur ungern. Ehe sie Pommes mit Mayo essen, essen sie lieber gar nichts, doch wenn ihnen ein Hummer über den Weg läuft, lebt der nicht lange. Wenn es um das Essen geht, kennen sie sich aus, sind sie auf der gesunden Seite. Unter ihnen findet man auch gut informierte Feinschmecker und Weinkenner.

MEILENWEIT FÜR EIN GUTES RESTAURANT

Wählerisch und stilvoll, wie die Waage ist, tut es nicht irgendein Restaurant, sondern sie fährt quer durch die Stadt zu einem Restaurant, von dem gerade behauptet wird, daß es zur Zeit besonders gut sei. Da marschiert die Waage nicht auf gut Glück hinein, sondern sieht sich die Sache erst einmal von außen an und drückt sich an der Fensterscheibe die Nase platt. Da gefallen ihr nicht die Tischbeleuchtung oder die Gardinen, und sie macht nach längerer Überlegung kehrt. Kann gut sein, daß diese unentschlossene, zögerliche Waage an diesem Abend mit leerem Magen und unverrichteter Dinge wieder nach Haus zurückkehrt. Mann, Frau, Freund oder Freundin im Schlepptau sind stinksauer und völlig ausgehungert. Hinterher zettelt die Waage einen nimmer endenden Disput an, warum man in diesem Lokal nicht essen, nicht einmal den Versuch unternehmen könne... diese scheußlichen Gardinen!

DASSELBE MIT DER SPEISEKARTE

Da, wo ein anderer Mensch den Finger drauflegt und sagt »das will ich haben«, fängt die Waage an, lange zu überlegen. Sie »wägt« eben ab, ob besser dieser Salat oder jenes Süppchen. Wenn Sie es sind, die danebensitzen, können Sie sich darauf gefaßt machen, daß der Ober mindestens dreimal wiederkommen muß, bis

SO ISST UND KOCHT
DIE WAAGE

er die Bestellung aufnehmen kann. Und dann entscheidet sich die Waage, unentschlossen wie sie ist, nicht selten für das Tagesgericht, kurz »Stamm« genannt. Sie geht davon aus, das das ein erprobtes Gericht ist.

AN NICHTS DARF ES FEHLEN

Wenn die Waage ein großes Essen zu Haus plant, wird erst einmal eine Skizze gemacht. Da werden Kochbücher gewälzt und Ideen gesammelt. Spontaneität ist nicht ihre Stärke. Wenn sie sich aber einmal zu einem Programm durchgerungen hat, gelingt ihr ein Zauberessen, es fehlt an nichts. Davon reden später die Gäste nicht, sondern von dem tollen Abend. Die Waage umgibt sich mit Leuten, die sie lieben. Es gibt kein anderes Sternzeichen, das selbst von gleichgeschlechtlichen Zeitgenossen mit so viel Sympathie überschüttet wird. Keiner wird auf die Idee kommen, einer Waage die Butter vom Brot zu nehmen und an ihrem Glanz nicht mitzupolieren.

TÄGLICHES KOCHEN – STÄNDIGER STRESS

Waage-Mütter, die jeden Tag kochen müssen, stehen immer wieder vor der Frage: »Was koche ich heute?« Ihnen fällt nie etwas Rechtes ein, schon gar nicht schnell. Manchmal vereinfachen sie sich das Leben und kochen immer dasselbe. Es wird einigermaßen gesund sein, ganz besonders, wenn es um das Essen für die Kinder geht. Da gibt es dann die Spaghetti mit Tomatensauce oder ein Hühnerbein mit Erbsen und Möhren. Aber mit Freude oder Phantasie steht die Waage-Mutter nicht am Herd. Viel wichtiger als das, was auf dem Teller ist, sind ihr die Erzählungen der Kinder, wenn sie von ihren Erlebnissen aus der Schule berichten. Und die Kinder genießen es, eine Mutter zu haben, die stundenlang zuhören kann. Nicht das Essen steht im Vordergrund, sondern die gemeinsame Mahlzeit, das Beisammensein.

107

DIE WAAGE-DIÄT

In guten Zeiten haben die Waage-Menschen keine Probleme, in schlechten Zeiten schon. Sie muten ihrem Körper häufig viel zuviel zu, und wenn das über einen längeren Zeitraum geschieht, geht der Lack ab. Waage-Männern macht das weniger aus als Waage-Mädchen. Ihre Haut wird blaß, ihr Haar wird stumpf, Belastbarkeit und Leistungsfähigkeit nehmen ab, ihre gute Laune geht flöten. Da hilft kein 2-Wochen-Urlaub auf Ibiza und keine Maske bei der Kosmetikerin. Das wäre nur ein bißchen Politur auf die angekratzte Karosserie.

ENTSPANNUNGSÜBUNGEN UND FITNESSTRAINING

Kein Mensch erwartet von diesen arbeitswütigen Waage-Menschen, daß sie ständig im Einsatz sind. Und wenn es einer tut, haben die Waage-Menschen selbst schuld, sie lassen das zu. Wichtig ist, daß sie sich nicht ständig unter Strom setzen. Zumindest müssen sie einige Male am Tag abspannen. Da hilft Meditation, da hilft autogenes Training. Manchen hilft auch Jazz-Dance oder eine Trainerstunde auf dem Tennisplatz. Einfach ein bißchen raus aus der Mühle, weg vom Schreibtisch, weg von den Zigaretten und dem ganzen Müll.

ZEIT FÜR VERNÜNFTIGE MAHLZEITEN

Die Mahlzeiten sind wichtige Ruhepausen. Allein das Zubereiten einer Malzeit lenkt ab vom Alltagsstreß, das Genießen noch mehr. Morgens, mittags und abends eine solche Pause und anschließend ein bißchen frische Luft ist so gut wie ein Nachmittagsschlaf. Da bauen die Waage-Menschen Kräfte auf und Streß ab, das reicht für die nächsten drei Stunden.

KRAFTSTOFF FÜR DEN KÖRPER

Da die Waage-Menschen einen hohen Verbrauch an Vitaminen und Mineralstoffen haben, müssen sie mit ihrer Ernährung einen Treibstoff bekommen, der diesen Verbrauch auch deckt. Also so eine Art Super für ihr empfindliches Getriebe. Das ist in allen dunkelgrünen Gemüsesorten enthalten, auch in Obst, besonders in Zitrusfrüchten, in Kartof-

DIE WAAGE-DIÄT

★★

feln, Getreide und Getreideprodukten, wie z. B. Brot, Nudeln, Reis und Hirse. Das ist die »grüne Diät« – der Supertreibstoff für die gestreßte Waage. Nur in ganz extremen Fällen – und das kann nur der Arzt feststellen – muß mit Vitaminpillen nachgeholfen werden.

FRÜHSTÜCK

Faustregel Nr. 1: Nicht ohne Frühstück aus dem Haus. Also nicht nur eine Tasse Kaffee und eine Zigarette. Unter den Vorschlägen finden Sie einige, die etwas aufwendiger sind, um sie zuzubereiten, aber auch eine Anzahl von schnellen und dennoch gesunden Tips. Sie stehen auf den Seiten 110 und 111. Wichtig ist, daß Sie dieses Frühstück richtig einplanen. Nehmen Sie sich ein bißchen Zeit, genießen Sie es, bevor Sie sich in das Alltagsgetümmel stürzen. Rauchen Sie hinterher auch in Ruhe ihre Zigarette (wenn´s denn sein muß). Dann erst geht´s ab ins Büro.

MITTAGESSEN

Hier finden Sie die Rezepte, die ein Mensch zubereiten würde, der mittags zu Haus ist und ißt. Das ist die Hauptmahlzeit. Sie können sie auch abends essen, wenn Sie sich mittags in der Kantine oder im Restaurant etwas Leichtes aussuchen. Die Rezepte für das Mittagessen stehen auf den Seiten 112 und 113.

ABENDESSEN

Das ist die kleinere Mahlzeit im Vergleich zur Mittagsmahlzeit. Die Rezepte dazu finden Sie auf den Seiten 114 und 115. Wenn Sie mittags aber außerhalb essen, leicht und locker, sollten Sie sich abends die größere Mittagsmahlzeit gönnen: also, die Mittagsmahlzeit am Abend. Zubereiten, Füße hochlegen, bis das Essen fertig ist, und genießen. Und dann ist wirklich Schluß mit der Arbeit. Da wird höchstens noch ein Buch gelesen, mit einer Maske auf dem Gesicht; da wird alles abgewimmelt, auch die Steuererklärung muß dann warten.

DIE WAAGE-DIÄT

★★★★★★★★★★★★★★★★★★★★★★★★★★★★★★★★★★★★

Tip

Den Bananen-Porridge können Sie auch mit einem anderen Obst zubereiten, mit kleinge-schnittenem Apfel oder Birne. Oder auch mit Apfelmus oder Sauer-kirschen aus dem Glas.

Tip

Da Sie, wenn Sie Reis kochen, immer gleich ein paar Portionen mehr mitkochen sollten, haben Sie hoffentlich die Reisportion für den Milchreis im Tiefkühl-Vorrat. Das Original-rezept für Milchreis dauert morgens sonst zu lange. Die TK-Reis-portion am Abend vor-her aus dem Gefrierfach nehmen oder morgens in der Mikrowelle auftauen. Notfalls können Sie sie auch im Topf auftauen, dann müssen Sie ein paar Minuten zuge-ben.

Tip

Den Vanillequark kön-nen Sie gegen 1 Becher Vanillejoghurt (Mager-stufe) austauschen.

BANANEN-PORRIDGE

| 1 Tasse Wasser |
| 1 Prise Salz |
| 1 Stück Zitronenschale (ungespritzt) |
| 4 EL Vollkornhaferflocken |
| 1 EL Crème fraîche oder |
| 2 EL Sahne |
| 1 Banane |
| 2 TL Honig oder 1 EL Ahornsirup |

Wasser mit Salz und Zitronenscha-le zum Kochen bringen. Haferflok-ken hineinrühren und eine Weile quellen lassen. Crème fraîche oder Sahne hineinrühren und in einen tiefen Teller gießen. Banane klein-schneiden, darauf verteilen, mit Honig oder Ahornsirup beträufeln.

MILCHREIS MIT APFELMUS

| 1 Portion gekochter Reis |
| 2 EL Wasser |
| 1 EL Crème fraîche oder |
| 2 EL Sahne |
| 1 Prise Salz |
| 1 Stück Zitronenschale (ungespritzt) |
| Zimt |
| 2 TL Zucker |
| 2 EL Apfelmus (Glas) |

Reis zusammen mit dem Wasser, Crème fraîche oder Sahne, Salz und Zitronenschale in einen be-schichteten Topf geben, einmal gut umrühren und zugedeckt 5 Minu-ten leise köcheln lassen. In einen tiefen Teller füllen, mit Zimt bestäu-ben und mit Zucker bestreuen. Das Apfelmus darauf verteilen.

JOHANNISBEERCREME

| ½ Paket TK-Gemischte Beeren |
| 5 EL Cremquark |
| 1 TL Crème fraîche |
| 1 Msp. Vanillemark |
| 2 TL Zucker |
| 4 EL Müsli |

Die Beeren auftauen lassen — wenn es schnell gehen soll, in der Mikrowelle. Cremquark mit Crème fraîche, Vanillemark und Zucker cremig rühren. Die Beeren in ein größeres Schälchen füllen. Die Vanille-Quarkcreme darauf verteilen. Mit Müsli bestreuen.

DIE WAAGE-DIÄT

BUNTES VOLLKORNBROT

Von diesen bunten Broten können
Sie sich zum Frühstück eins aussuchen. Statt Vollkornbrot können
Sie auch Vollkornbrötchen oder
3 Scheiben Knäckebrot nehmen.

Bestreichen Sie es je nach Belag
mit
1 TL Butter oder Margarine,
3 TL Frischkäse-leicht,
3 TL Salatcreme oder
1 EL Cremquark.

Hinterher gibt's so viel Obst, wie
Sie wollen:
Apfel, Zitrusfrüchte, Satsuma,
frische Ananas, Banane, Honig-
oder Netzmelone, Erdbeeren,
Beeren, Steinobst, Kiwis, Kaki,
Feigen, Mango, Papaya – Sie
haben eine Riesenauswahl.

Wer lieber Gemüse mag, nimmt
sich seine Gemüseportion:
Radieschen, grüne Gurke,
Tomaten, Möhren, Kohlrabi,
Staudensellerie oder Fenchel.

DIE WAAGE-DIÄT

MITTAGESSEN

★★★★★★★★★★★★★★★★★★★★★★★★★★★★★★★★★★★★★★

Tip

Wundern Sie sich nicht, daß der magere Quark (0,2 % Fett) mit fetter Crème fraîche (30 % Fett) gemischt wird. Der Fettgehalt ist immer noch niedriger als bei Sahnequark und das Ergebnis viel besser.

Tip

Gurkenquark: Statt Gurken können Sie auch Radieschen nehmen. Allerdings dann nicht mit Dill, sondern mit Schnittlauch würzen.

Tip

In die Gemüsepfanne können Sie auch andere Gemüsesorten tun, alles, was nur kurz erhitzt werden muß: Erbsen, Mais – tiefgekühlt oder aus der Dose –, Lauch, Chicorée.

PELLKARTOFFELN MIT GURKENCREME

3 Kartoffeln

Salz

5 EL Cremquark

1 EL Crème fraîche

Pfeffer

¼ grüne Gurke

2 EL gehackter Dill

2 Tomaten

1 EL Schnittlauch

einige Salatblätter

1. Die Kartoffeln gründlich unter fließendem Wasser abbürsten und in Salzwasser zu Pellkartoffeln kochen.

2. Den Quark mit Crème fraîche und Pfeffer verrühren. Die Gurke fein würfeln und zusammen mit dem Dill unterheben.

3. Tomaten achteln und auf einen Teller legen. Mit Salz, Pfeffer und Schnittlauch bestreuen.

4. Den Gurkenquark auf den Salatblättern daneben anrichten, die Kartoffeln dazulegen. Die Kartoffeln mit Schale essen.

GEMÜSEPFANNE MIT SPIEGELEIERN

3 gekochte Kartoffeln

1 kleine Zucchini

1 Frühlingszwiebel

2 Tomaten

Salz, Pfeffer

2 TL Butter oder Margarine

2 EL gehackte Petersilie

2 Eier

1. Kartoffeln pellen. Kartoffeln, Zucchini und Frühlingszwiebel in Scheiben schneiden. Tomaten vierteln.

2. Eine beschichtete Pfanne erhitzen und die Kartoffelscheiben unter gelegentlichem Rütteln der Pfanne hellbraun braten. Mit Salz und Pfeffer würzen.

3. Frühlingszwiebeln und Butter oder Margarine zugeben und die Kartoffeln zu Ende braten.

4. Zucchini und Tomaten zugeben, kurz mitbraten. Mit Petersilie bestreuen und warm stellen.

5. Eier als Spiegeleier braten und auf das Gemüse legen.

DIE WAAGE-DIÄT

FISCH-EINTOPF

150 g Fischfilet (Kabeljau,
Rotbarsch, Seelachs o. Scholle)
einige Tropfen Zitronensaft
Salz, Pfeffer
3 Kartoffeln
100 g Zuckerschoten
1 ½ Tassen Wasser
1 EL Crème fraîche
1 TL Instant-Gemüsebrühe
3 EL TK-Erbsen
2 EL gehackter Dill

1. Fisch würfeln und mit Zitronensaft, Salz und Pfeffer würzen.
2. Kartoffeln schälen und würfeln.
Zuckerschoten putzen und einmal
schräg durchschneiden.
3. Kartoffeln in dem Wasser mit
etwas Salz weich kochen. Crème
fraîche und Instant-Gemüsebrühe
hineinrühren, 3 Minuten köcheln
lassen. Zwischendurch umrühren.
4. Zuckerschoten, Erbsen und
Fischwürfel zugeben, 5 Min. mit
schwacher Hitze ziehen lassen.
5. Mit Salz, Pfeffer, Zitronensaft
und Dill abschmecken.

GESCHNETZELTES

1 Putenschnitzel (100 – 150 g)
150 g Champignons
2 Frühlingszwiebeln
einige Tropfen Öl
Salz, Pfeffer
einige Tropfen Zitronensaft
2 EL Wasser
1 EL Crème fraîche
1 Msp. Instant-Brühe
2 EL gehackte Petersilie
1 Portion gekochte Bandnudeln

1. Putenfleisch schnetzeln, Champignons und Frühlingszwiebeln in
Scheiben schneiden.
2. Eine beschichtete Pfanne
erhitzen und mit Öl auswischen.
Die Champignons scharf anbraten.
Putenfleisch und Frühlingszwiebeln
zugeben und mit mittlerer Hitze 5
Min. unter Rühren braten. Mit Salz,
Pfeffer und Zitronensaft würzen.
3. Wasser, Crème fraîche und
Instant-Brühe hineinrühren und
einmal kurz aufkochen. Mit
Petersilie bestreuen.
4. Dazu Bandnudeln oder Reis.

Tip

*Den Fischeintopf können
Sie vielfältig abwan-
deln. Statt Zuckerscho-
ten und Erbsen können
Sie Schmorgurken oder
grüne Gurke nehmen
(paar Minuten länger
köcheln lassen). Diese
Kombination schmeckt
übrigens auch gut mit
einem kleingeschnit-
tenen Matjesfilet, das
ganz zum Schluß
zugegeben wird.*

Tip

*Die Fleischpfanne kön-
nen Sie mit jedem
Fleisch zubereiten, das
man kurzbraten kann,
sogar mit einem Wiener
Würstchen. Die Cham-
pignons sollten frisch
sein und nicht aus der
Dose kommen. Können
Sie auch mit Zucchini-
oder Gurkenwürfeln,
mit Streifen von Lauch,
Chicorée, Chinakohl,
Wirsing oder Weißkohl,
mit Erbsen oder Mais
zubereiten. Auch mit Pa-
prikaschoten, die brau-
chen nur etwas länger,
bis sie knackig gar sind.*

113

DIE WAAGE-DIÄT

Salatsaucen

● *Schnittlauchsauce:*
2 EL Joghurt (fettarm),
2 EL Wasser,
einige Tropfen
Zitronensaft,
1 Prise Zucker,
Salz, Pfeffer,
1 EL Schnittlauch
● *Dillsauce:*
2 EL Joghurt (fettarm),
2 EL Wasser oder
Weißwein,
1 EL Ketchup,
Salz, Pfeffer,
1 EL gehackter Dill
● *Senfsauce:*
2 EL Joghurt (fettarm),
2 EL Wasser,
2 EL Senf,
einige Tropfen
Zitronensaft,
1 Prise Zucker,
Salz, Pfeffer,
● *Vinaigrette:*
1 EL Keimöl,
1 EL Wasser,
1 EL Weinessig
1 – 2 Prisen Zucker,
Salz, Pfeffer,
1 EL Schnittlauch

ROHKOST

½ Apfel
1 Möhre
1 Stückchen Knollensellerie
1 EL Zitronensaft
1 Prise Salz
1 TL Zucker
1 EL gehackte Haselnüsse
1 EL Keimöl
2 EL gehackte Petersilie
2 Scheiben Vollkorntoast
2 TL Frischkäse-leicht

1. Apfel, Möhre und Knollensellerie putzen und raffeln.
2. Mit Zitronensaft, Salz, Zucker, Nüssen, Öl und Petersilie mischen. Dazu gibt es Toast mit Frischkäse.

RETTICH-SALAT

1 kleiner Rettich
Salz
einige Tropfen Zitronensaft
1 EL Keimöl
2 EL gehackte Petersilie
2 Scheiben Vollkornbrot
2 TL Butter oder Margarine

1. Den Rettich schälen und in dünne Scheiben hobeln, salzen und eine Weile ziehen lassen. Die Flüssigkeit abgießen (können Sie auch trinken).
2. Mit Zitronensaft, Öl und Petersilie mischen. Dazu gibt es Butterbrote.

BUNTER SALAT MIT GEMÜSE-SANDWICH

1 große Portion Salat (Blattsalat, Tomaten, Champignons, grüne Gurke, Zwiebeln, Kräuter)
Salatsauce (s. links am Rand)
2 Scheiben Vollkornbrot
2 TL Frischkäse-leicht

1. Salat putzen und kleinschneiden. Alles gut miteinander mischen. Eine Weile in einer der Salatsaucen ziehen lassen.
2. Brot mit Frischkäse bestreichen, mit Salatblättern oder Gurken- oder Tomatenscheiben belegen, zusammenklappen, durchschneiden und als Sandwich dazu essen.

DIE WAAGE-DIÄT

★ ★

WARMES GEMÜSE MIT KÄSE
Foto Seite 102 und 103

*1 Portion geputztes Gemüse
(150 g oder mehr, z. B. Blattspinat,
Blumenkohl, Brokkoli, Chinakohl,
grüne Bohnen, Kohlrabi, Lauch,
Möhren, Paprikaschoten, Rosenkohl, Spargel, Wirsing, Zucchini)*
Salz
Pfeffer
4 EL geriebener Käse (40 g)
*1 Portion Kartoffeln, Nudeln, Reis
oder 2 Scheiben Vollkornbrot*

1. Einen Topf daumenbreit mit Wasser füllen und zum Kochen bringen.
2. Das Gemüse putzen und kleinschneiden. Auf einen Gemüseeinsatz legen und in den Topf stellen.
Das Wasser sprudelnd kochen lassen, bis das Gemüse knackig gar
ist. Aufpassen, daß das Wasser
nicht verkocht, sonst nachgießen.
3. Das Gemüse auf einen Teller legen, mit Salz und Pfeffer, evtl. Zitronensaft, würzen und mit Käse bestreuen.
4. Dazu gibt es Pellkartoffeln, Reis,
Nudeln oder Brot.

GEMÜSE-EINTOPF
MIT SONNENBLUMENKERNEN

3 Kartoffeln
*150 g Gemüse (z. B. Brokkoli,
Blumenkohl, Kohlrabi, Möhren,
Rosenkohl, Wirsing)*
1 ½ Tassen Wasser
1 TL Instant-Gemüsebrühe
1 EL Crème fraîche
einige Tropfen Zitronensaft
Salz, Pfeffer
2 EL gehackte Petersilie
1 EL Sonnenblumenkerne

1. Kartoffeln schälen, Gemüse
putzen, alles kleinschneiden.
2. Die Kartoffeln in dem Wasser
mit der Instant-Brühe 10 Minuten kochen. Das Gemüse zugeben und
solange kochen, bis die Kartoffeln
richtig weich sind und das Gemüse
noch etwas knackig ist. Crème
fraîche hineinrühren.
3. Mit Zitronensaft, Salz, Pfeffer
und Petersilie abschmecken. Mit
Sonnenblumenkernen bestreuen.
4. Wer will, kann die Suppe auch
pürieren und hinterher ein paar rohe
Gemüsestreifen zugeben.

Tip
*Eine große Hilfe für
Rohkostsalate: eine
Küchenmaschine. Auf
der können Sie das
Gemüse blitzschnell
raspeln, ohne sich
dabei die Finger zu
verletzten. Es gibt
allerdings auch einen
Gemüsehobel (Küchen-
fachgeschäft), bei dem
das auch nicht passiert.*

Tip
*Wenn die Vitamine im
Gemüse bleiben sollen,
dämpfen Sie es im
Gemüseeinsatz.*

1 Portion
● *Kartoffeln = 3 Stück*
● *100 g Nudeln sind
ca. 200 – 250 g
gekochte Nudeln*
● *50 g Reis sind
ca. 125 g gekochter
Reis*
● *Salat, geputzt,
150 g, kann auch
mehr sein*
● *Gemüse, geputzt,
150 g, kann auch
mehr sein*

24. OKTOBER BIS 22. NOVEMBER

DE

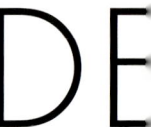

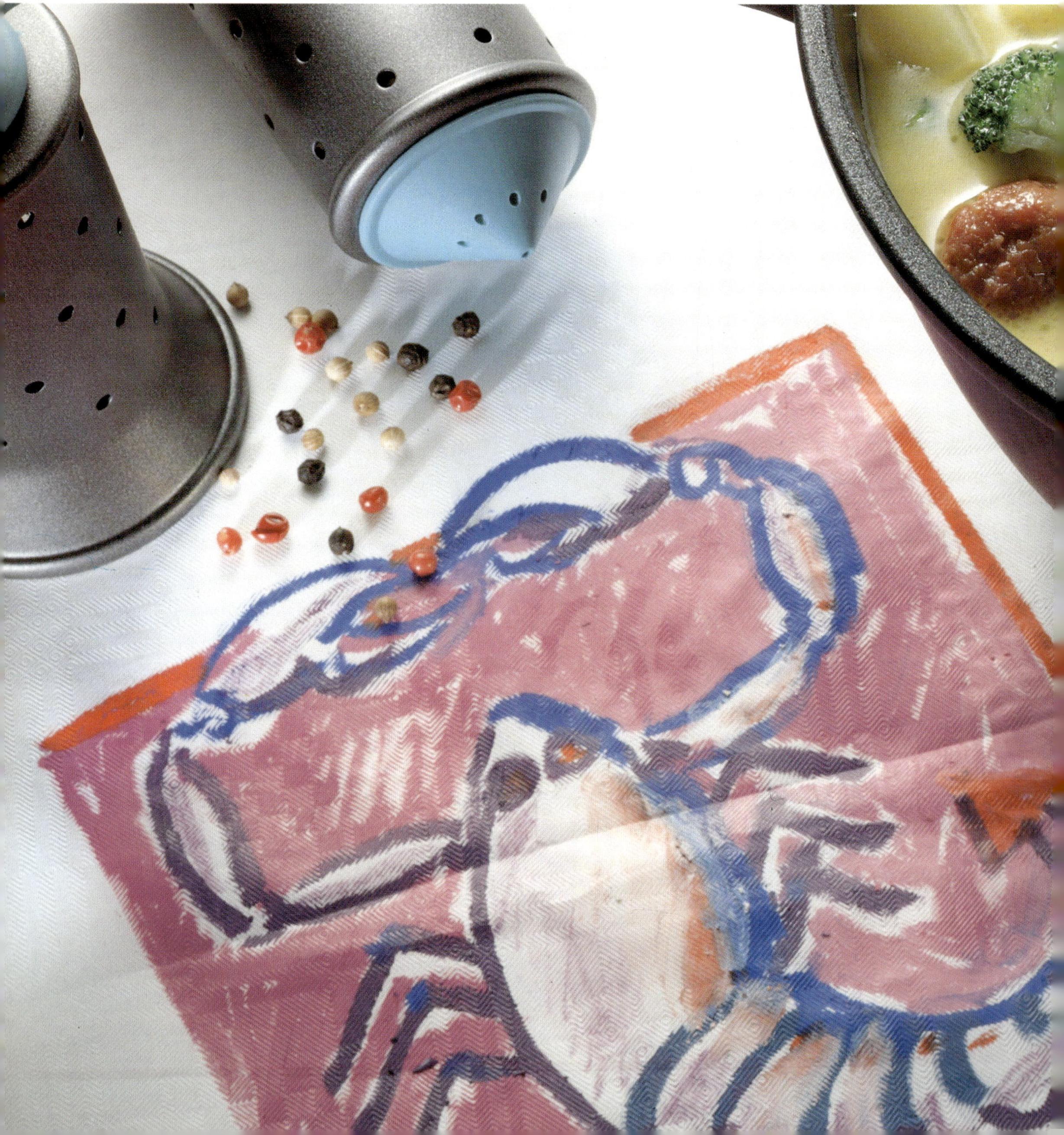

DER TYPISCHE SKORPION

★★★★★★★★★★★★★★★★★★★★★★★★★★★★★★★★★★★★★★

PERSÖNLICHKEIT

*Energisch,
kraftvoll,
leidenschaftlich,
herausfordernd,
furchtlos,
hingebungsvoll,
fanatisch,
nachtragend,
verbohrt.*

ORGANISATION

*Ist sehr emotional
und extrem.
Ehrgeizig, zeigt aber
seinen Ehrgeiz nicht
offen. Kann fast alles,
wenn er will.*

ERNÄHRUNG

*Ebenso extrem.
Von maßlos bis
magersüchtig.*

Hervorstehendes Merkmal: ihr durchbohrender Blick. Daran kann man sie erkennen, und man selbst steht da und fühlt sich nackt und bloß, schlichtweg ausgeliefert. Dabei wollen sie gar nicht erkannt werden, die Skorpione. Sie operieren aus dem Hintergrund mit ausdruckslosem Gesicht und scharfer Beobachtungsgabe wie ein Secret-Service-Mann oder eine Agentin. Es gibt auch noch zwei Extreme, die mit dem schneidenden Ton und die mit der sanften Stimme. Die, die ihren Stachel zeigen, und die, die ihn unter dem Mäntelchen der Hilfsbereitschaft verbergen. Das macht den Umgang mit Skorpionen noch komplizierter. Eins kann man ihnen wirklich nicht absprechen: Sie sind nicht ungefährlich. In extremen Fällen gilt die Devise: Rette sich, wer kann! Im Alltagsleben, im Büro, sitzen sie meistens in der zweiten Reihe, spinnen die Fäden und reiben sich die Hände, wenn einer da oben eine saftige, berufliche Bauchlandung macht.

TAPFER UND FURCHTLOS

Wenn Sie aber aus einem brennenden Haus gerettet werden, können Sie sicher sein, Ihr Retter war ein Skorpion. Er hat ein nicht zu überbietendes Vertrauen in seine Fähigkeiten, das macht ihn so stark. Er kann fast alles, wenn er will. Mit einer geheimnisvollen Kraft verwirklicht er seine Träume nach einem kühlen und strengen Plan. Er überbietet sich manchmal mit Liebenswürdigkeit, sein Mitgefühl mit ganz Schwachen und Kranken ist bewundernswert, sein Verhältnis zu kleinen, hilflosen Kindern ist grenzenlos. Das Problem ist nicht der Skorpion selbst, sondern unser Verhältnis zu ihm. Entweder sind wir ergebene Bewunderer oder Neider, oder wir machen uns vor Angst vor ihm ins Hemd. Keiner kann so leidenschaftlich lieben wie der Skorpion, mit einer Hingabe, bei der normalgestrickte Leute Panik kriegen und das Weite suchen, weil's ihnen zu eng wird. Sie können einen mit ihrer Liebe und Zuneigung ersticken.

DAS SAGEN DIE STERNE ZU SEINEN PFUNDEN

SKORPION

★★★★★★★★★★★★★★★★★★★★★★★★★★★★★★★★★★★★★★★

So extrem wie der Skorpion nun einmal ist, sind auch seine Eßgewohnheiten. Er kann extrem dick sein, aber auch extrem mager (ebenfalls ein Kandidat für Magersucht und andere Eßstörungen). Einem extrem dicken Skorpion die Pfunde abzuluchsen, ist ein schwieriges Unterfangen, denn er hat seine eigenen Vorstellungen, seine fixen Ideen zu diesem Thema. Mit neuesten wissenschaftlichen Erkenntnissen kann man ihm nicht kommen, er hat etwas gegen alles, was irgendwie im Trend liegt und mit Mode zu tun hat. Er ist einfach gründlicher. Er knackt eher an einer erprobten »Fleisch-Diät« als an einer modischen »Müsli-Diät«. Er wählt sich den leidvolleren, schwierigeren Weg, ganz im Gegensatz zum Wassermann, der es lieber bequem und unkompliziert mag. Noch eins ist vorstellbar: eine Diät aus Wurzeln und Gräsern, die nur bei Vollmond geerntet werden dürfen, oder eine Null-Diät, bei der man gnadenlos leiden muß – eben der harte Weg.

AUCH IM ESSEN EIN EXTREMIST

Skorpione können essen, was ihnen in die Finger kommt bis hin zur Vergiftung. Sie lieben Grenzsituationen. Einen Monat lang immer fettes Schweinefleisch ist unter Skorpionen keine Seltenheit. Dieses Experiment beenden sie auch nicht, wenn sie aus den Fugen geraten. Im Gegenteil, sie gehören zu den wenigen Sternzeichen (genauso wie der Stier), die mit ihrem Fett andere Leute schokken. Der Skorpion als Enfant terrible, als komische Nudel bedient sich einer gewissen Koketterie. Umgekehrt kann ein Skorpion beschließen, gar nichts mehr zu essen. Klapperdürr und hilfsbedürftig zieht er damit die Aufmerksamkeit der anderen auf sich. Beides ist nicht gesund, beides hat etwas Selbstzerstörerisches. Die immer so beherrschten Skorpione fallen hier in Extreme, die schwer zu behandeln sind. Sie zerstören sich nicht durch Unwissenheit, sondern wissentlich. Da ist guter Rat teuer. Man kann sich auf den Standpunkt stellen: ihr Bier!

SO ISST UND KOCHT
DER SKORPION

★★★★★★★★★★★★★★★★★★★★★★★★★★★★★★★★

Skorpione strahlen eine knisternde Lebensfreude aus; die ganz vitale Sorte umgibt sich gern mit Menschen aller Stilrichtungen, besonders mit Künstlern. Großveranstaltungen mag er nicht, auf Büropartys werden Sie den Skorpion irgendwo entdecken, vertieft in ein Gespräch mit einem für ihn wichtigen Menschen. Faszinierend, wie er sich da ins Zeug legt, mit sprühendem Charme und Intelligenz, ja er zieht die Aufmerksamkeit auf sich und seine Gesprächspartner richtig in seinen Bann. Seine geistige Bandbreite reicht von Esoterik bis zum Urknall, aber warum eine Glühbirne brennt, kann er Ihnen nicht so schnell erklären. Er verstreut seine Sympathien nicht großflächig und geht auf Leute zu, er holt sie sich eher einzeln ran. Wenn es gerade Sie trifft, kann es passieren, daß, wenn der Skorpion kein anderes Opfer findet, Sie den ganzen Abend mit ihm verbringen werden. Er läßt Sie nicht los. Skorpione sind Einzelgänger, zäh und entschlossen. Sie kommen ganz gut ohne den Rest der Welt aus.

ER HÄNGT AN SEINER FAMILIE

Beschützend stellt er sich vor die Menschen, die er liebt. Die umsorgt er geradezu mit einer Affenliebe. Die Skorpion-Weibchen sind echte Muttertiere. Nichts ist schöner für sie, als ihre Rasselbande um sich zu haben. Am liebsten am Eßtisch. Dann spielt es keine Rolle, wenn da nur eine mickrige Bulette auf dem Teller liegt. Hauptsache ist, Mann und Kinder sind da, Freund oder Freundin. Es wird viel geredet, viel diskutiert, jeder kommt zu Wort. Eine Skorpion-Frau hat es gut, wenn einer in der Familie die Kocherei übernimmt, denn ihre eigenen Fähigkeiten sind begrenzt. Kochen ist für sie etwas schrecklich Langweiliges und Banales. Und wenn keiner ihre Buletten mag, dann sollen sie eben selber kochen. Selbst die Chefin (Skorpion) von der Kochabteilung einer großen deutschen Frauenzeitschrift konnte nicht kochen und traktierte ihren Mann über Jahre mit Würstchen und fertiggekauftem Kartoffelsalat. Sein Fehler: Er lernte nicht kochen, er verließ lieber das Haus.

SO ISST UND KOCHT
DER SKORPION

★★★

SIE WISSEN, WAS GUT IST

Wenn Sie einen Skorpion reden hören, müssen Sie glauben, er ernährt sich nur vom Feinsten. Da wird von köstlichen Mahlzeiten erzählt, und wie kompliziert es doch ist, eine Gans zu zerlegen oder gar einen Hirsch, und wie man aufpassen muß, daß die köstliche Sauce und hinterher die Caramelcreme gelingt. Wenn man voller Ehrfurcht und Respekt nach den Einzelheiten fragt, stellt sich heraus, daß der Erzähler (Skorpion) nichts damit zu tun hatte, sondern anschließend nur den Berg von Geschirr abgewaschen und das Chaos in der Küche beseitigt hat. Die Theorie liegt dem Skorpion eben näher als die Praxis.

ALLTAG IM SKORPION-LEBEN

Wenn die Skorpione auf sich selbst gestellt sind, kann man ernährungswissenschaftlich sein blaues Wunder erleben. Es gibt kein anderes Sternzeichen, das sich so schrecklich ernährt wie der Skorpion. Der soviel Raubbau mit seiner Gesundheit treibt, egal ob nun mit einem Zuviel oder Zuwenig. Als würde er seinen giftigen Stachel gegen sich selbst richten. Da kommt wieder das Zerstörerische zum Vorschein. Sein Frühstück ist Glücksache. Das Mittagessen wird irgendeinem Kantinenwirt überlassen, ob gut oder schlecht, spielt keine Rolle. Abends zu Haus ist ihm alles im wahren Sinn des Wortes Wurst. Aber keine Sorge: Wenn Sie beim Skorpion zum Essen eingeladen sind, wird er es nicht selbst richten, er wird es ordentlich organisieren. Und das ist dann vom Feinsten, besonders dann, wenn er bei seinem Gast einen guten Eindruck schinden will.

DIE SKORPION-DIÄT

★★★★★★★★★★★★★★★★★★★★★★★★★★★★★★★★★★★

Es ist schwierig, den Skorpionen ein vernünftiges Eßverhalten beizubringen. Erstens machen sie sich nicht viel aus Essen, zweitens haben sie Schwierigkeiten, sich an regelmäßige Mahlzeiten zu gewöhnen, und drittens lassen sie sich schlecht auf ein bestimmtes Maß einstellen. Denn man muß zwei Typen berücksichtigen: den Typ, der maßlos ißt, und den Typ, der lieber gar nichts ißt. Beides ist nicht gesund. Dabei wären sie viel ausgeglichener, wenn sie vernünftiger essen würden.

DER STOFF, DER FÜR GUTE LAUNE SORGT

Zum Beispiel mehr frisches Obst und Gemüse. In dem stecken nun einmal Stoffe, die für gute Laune sorgen. Beim Verzehr von Kohlenhydraten, die in Brot, Kartoffeln, Gemüse und Obst stecken, kommt im Gehirn ein ganz wichtiger Stoff an, das Tryptophan. Aus diesem Tryptophan entsteht das Serotonin. Und das sorgt dafür, daß die richtigen Impulse aus den Nervenleitungen an die Nervenzellen übermit-

telt werden. Zu wenig Tryptophan, und damit zuwenig Serotonin, heißt: Mißstimmungen, Gereiztheit, Menstruationsbeschwerden, Depressionen, Schlafstörungen. Das ergibt eben diesen launischen Skorpion. Diese kohlenhydrathaltigen Lebensmittel liefern auch noch eine Vielzahl von Vitaminen, Mineralstoffen und Enzymen, die die Stoffwechselprozesse im Körper besser ablaufen lassen. Das Ergebnis: Die Menschen fühlen sich besser, sehen besser aus, haben eine schönere Haut, frisch und rosig, glänzenderes Haar. Können sich besser konzentrieren, sind leistungsfähiger, hängen nicht so schnell durch. Die Skorpione verlieren dabei die Lust, sich selbst zu quälen, sich selbst zu zerstören. Sie fühlen sich dann wie der Phönix, der aus der Asche steigt. Sie bekommen ein vernünftiges Verhältnis zu ihrem Körper, und plötzlich tun sie alles dafür, sich dieses gute Gefühl zu erhalten. Der Skorpion bekommt deshalb die »Gute-Laune-Diät« verpaßt. Damit ist er nicht überfordert, sie stellt keine hohen

DIE SKORPION-DIÄT

★★★★★★★★★★★★★★★★★★★★★★★★★★★★★★★★★★★★★★★

Anforderungen an seine Koch-
kenntnisse und seine Organisation.
Um es dem Skorpion noch leichter
zu machen, bekommt er einige
Sorten von Gemüse genannt und
gesagt, was man daraus alles
machen, wie vielseitig man es verarbeiten kann.

PORTIONSGRÖSSEN

Weil es eben die beiden unterschiedlichen Skorpione gibt — die
einen, die viel essen, und die anderen, die lieber weniger essen —,
gibt es »dehnbare« Portionen. Es
gibt ein Grundrezept mit Mindest-
mengen; wer größere Portionen
haben will, kann die angegebe-
nen Mengen vergrößern. Also,
wenn es heißt »3 Kartoffeln«, kann
der hungrige Skorpion noch eine,
zwei oder drei Kartoffeln dazutun.
Wenn es heißt »1 Portion Gemüse« — die wiegt geputzt normalerweise 150 Gramm —, kann er
ruhig mehr nehmen. Wichtig ist
nur, daß er die Fettmengen und die
fetthaltigen Nahrungsmittel nicht
beliebig vergrößert.

FRÜHSTÜCK

Die Auswahl der Frühstücke ist
nicht so groß, als daß nun jedes
Sternzeichen sein eigenes Sortiment haben kann. Da muß der
Skorpion einmal bei den »Kollegen« nachschauen und sich das
heraussuchen, worauf er morgens
Lust hat. Am besten ist ein Müsli
oder ein Quarkbrot mit Tomaten
oder Gurken.

HAUPTMAHLZEITEN

Der Idealfall für den Skorpion:
zwei dieser Mahlzeiten täglich.
wenigstens aber eine, die jedoch
mit »gedehnten« Portionen. Das ist
fast ein Garantieschein für seine
gute Laune. Und damit er nicht
zuviel Arbeit hat, gibt es ganz
schnelle Pfannengerichte und einfache Eintöpfe. Wenn Reis und Kartoffeln gekocht vorrätig sind, geht's
wirklich ganz schnell. Die Rezepte
dafür stehen auf den Seiten 124
bis 129.

DIE SKORPION-DIÄT

★★★★★★★★★★★★★★★★★★★★★★★★★★★★★★★★★★★★★★★

SPINAT MIT SPIEGELEIERN

3 Kartoffeln
Salz
1 große Portion geputzter Spinat (mindestens 150 g)
1 TL Butter oder Margarine
2 Eier
Pfeffer

1. Kartoffeln unter fließendem Wasser gut abbürsten und in Salzwasser garen.

2. Einen Topf zwei Daumenbreit mit Wasser füllen und zum Kochen bringen. Den Spinat im Gemüseeinsatz zugedeckt in dem Dampf zusammenfallen lassen.

3. Eine beschichtete Pfanne erhitzen, 1 Msp. Butter oder Margarine hineingeben und die Eier als Spiegeleier darin braten.

4. Die Kartoffeln mit Schale essen. Den Spinat mit Salz, Pfeffer und der restlichen Butter vermengen. Die Spiegeleier daraufsetzen.

BÉCHAMELKARTOFFELN MIT SPINAT

1 Zwiebel
3 gekochte Kartoffeln
1 Portion Champignons (150 g)
1 Portion geputzter Spinat (150 g) oder ½ Paket TK-Blattspinat
2 TL Butter oder Margarine
½ Tasse Wasser
½ TL Instant-Gemüsebrühe
2 EL Crème fraîche
Muskat
Salz, Pfeffer

1. Die Zwiebel würfeln, Kartoffeln und Champignons in Scheiben schneiden. Den Spinat grob hacken.

2. Butter oder Margarine in einem Topf erhitzen, Zwiebeln und Champignons anbraten.

3. Wasser, Instant-Gemüsebrühe und Crème fraîche zugeben und ziemlich dick einkochen lassen. Mit Muskat, Pfeffer und Salz würzen.

4. Die Kartoffelscheiben unterheben. Den Spinat nach und nach zugeben, zugedeckt zusammenfallen lassen. Gelegentlich umrühren.

DIE SKORPION-DIÄT

★★★★★★★★★★★★★★★★★★★★★★★★★★★★★★★★★★★★★★★

HÄHNCHENRAGOUT MIT SPINAT

½ Tasse Parboiled Reis oder Naturreis
Salz
1 Tasse Wasser
1 Portion geputzter Spinat (150 g) oder ½ Paket TK-Spinat
1 kleines Hähnchenbrustfilet (150 g)
2 Schalotten oder 1 Zwiebel
1 Knoblauchzehe
2 TL Öl
½ Tasse Weißwein
2 EL Crème fraîche
Pfeffer

1. Reis in einer Tasse Salzwasser körnig kochen.
2. Den Spinat hacken. Die Hähnchenbrust grob, Schalotten und Knoblauch fein würfeln.
3. In einem Topf oder Pfanne (muß größer sein wegen des sperrigen Spinats) einige Tropfen Öl erhitzen und die Hähnchenwürfel darin scharf anbraten und herausnehmen.
4. Restliches Öl in den Topf geben. Schalottenwürfel glasig braten. Knoblauch zugeben. Nach und nach den Wein zugießen und bis auf einen kleinen Rest einkochen lassen. Crème fraîche hineinrühren und etwas einkochen.
5. Portionsweise den Spinat zugeben und zugedeckt zusammenfallen lassen. Hähnchenwürfel zum Spinat geben, mit Salz und Pfeffer würzen und einmal vorsichtig umrühren. Dazu gibt's Reis.

Tip

Kochen Sie gleich mehrere Portionen Reis und frieren Sie sie einzeln ein. Damit können Sie sich immer eine schnelle Reis-Gemüse-Pfanne zubereiten.

Tip

Statt Hähnchenbrust können Sie auch zum Schluß Fischfilet oder Krabben zugeben. Die Luxusversion: eine Mischung aus Lachswürfeln und Shrimps.

125

DIE SKORPION-DIÄT

★★★★★★★★★★★★★★★★★★★★★★★★★★★★★★★★★★★★★★

Tip

Wenn Sie tiefgekühlte Reis-Portionen im Gefrierfach haben, gehen diese Gerichte ganz schnell.

Tip

Wenn Sie Brokkoli garen, garen Sie gleich eine Portion mehr mit. Daraus können Sie einen Salat zubereiten, mit Salz, Pfeffer und Zitronensaft würzen. 2 El gehackte Hasel-nüsse darüberstreuen. Oder etwas gebratenes Geflügelfleisch würfeln und hinzugeben. Dazu 2 Scheiben Brot.

BROKKOLI-PFANNE

1 Portion Brokkoli (150 g)
1 Putenschnitzel (150 g)
4 EL Apfelsinensaft
Salz, Pfeffer
1 EL Crème fraîche
einige Tropfen Öl
1 Portion gekochter Reis

1. Brokkoli putzen, die Röschen von den Stielen trennen. Die Stiele in Scheiben schneiden, die Rös-chen beiseite stellen. Das Puten-fleisch in flache Stücke schneiden.
2. In einer Tasse den Apfelsinensaft mit Salz, Pfeffer und Crème fraîche verrühren.
3. Eine beschichtete Pfanne erhit-zen und mit Öl auswischen. Die Putenschnitzelchen auf beiden Sei-ten braten. Die Brokkolischeiben zugeben und alles 5 Minuten zu-gedeckt mit mittlerer Hitze garen. Das Gemüse zwischendurch ein-mal umrühren.
4. Das Fleisch an den Rand schie-ben. Apfelsinensauce und Reis zu-geben, mit dem Gemüse mischen.

Die Brokkoliröschen obenauf legen und alles zugedeckt 5 Minuten auf mittlerer Hitze schmoren.

BROKKOLI MIT KÄSE

1 Portion Brokkoli (150 g)
Salz, Pfeffer
einige Tropfen Zitronensaft
4 EL geriebener Käse
1 Portion gekochter Reis

1. Brokkoli putzen, die Stiele von den Röschen trennen.
2. Einen Topf 2 Daumenbreit mit Wasser füllen und zum Kochen bringen. Die Brokkolistiele in einen Gemüseeinsatz geben und 8 Mi-nuten zugedeckt in dem Dampf garen. In den letzten 2 Minuten die Brokkoliröschen zugeben.
3. Den Brokkoli auf einen Teller legen, mit Salz, Pfeffer und Zitro-nensaft würzen. Mit Käse bestreu-en, auf dem heißen Gemüse schmelzen lassen.
4. Den Reis in der Mikrowelle oder in der Bratpfanne erhitzen.

DIE SKORPION-DIÄT

★★★★★★★★★★★★★★★★★★★★★★★★★★★★★★★★★★★★★★★ **HAUPTMAHLZEIT**

BROKKOLI-AUFLAUF
MIT CORNED BEEF

3 Kartoffeln
Salz
1 EL Crème fraîche
1 Portion gegarter Brokkoli
Pfeffer, 1 EL Zitronensaft
100 g Corned beef
1 EL Semmelbrösel
einige Butterflöckchen

1. Kartoffeln in Salzwasser weich kochen. Das Kartoffelwasser bis auf einen kleinen Rest abgießen. Crème fraîche zugeben. Mit dem Elektroquirl cremig rühren.
2. Brokkoli in eine ofenfeste Form geben. Mit Salz, Pfeffer und Zitronensaft würzen. Gewürfeltes Corned beef darauf verteilen.
3. Kartoffelpüree darauf verstreichen, Semmelbrösel und Butterflöckchen darauf verteilen. Im vorgeheizten Backofen 20 Minuten bei 200 Grad überbacken.

BROKKOLI-EINTOPF
Foto Seite 116 und 117

3 Kartoffeln
1 Portion Brokkoli (150 g)
1 ½ Tassen Wasser
1 TL Instant-Brühe
125 g Truthahn-Zwiebelmett
2 EL Crème fraîche
einige Tropfen Zitronensaft
Muskat, Salz, Pfeffer

1. Kartoffeln und Brokkoli kleinschneiden. 1 Tasse Brokkoliröschen beiseite stellen. Kartoffeln und Brokkolistiele 20 Minuten in dem Wasser mit Instant-Brühe kochen.
2. Aus dem Truthahn-Zwiebelmett kleine Klößchen formen.
3. Die Suppe mit Crème fraîche verrühren. Klößchen und Brokkoliröschen zugeben und 5 Minuten weiterköcheln lassen. Zwischendurch vorsichtig umrühren. Mit Zitronensaft, Muskat, Salz und Pfeffer abschmecken.

EXTRAS
Wie die anderen Sternzeichen sollen auch die Skorpione zwischendurch kleine Zwischenmahlzeiten einlegen. Obst, Gemüse und Milchprodukte, wie z. B. Joghurt und Quark (Magerstufen). Genaue Infos finden Sie bei den Fischen.

Tip
Truthahn-Zwiebelmett gibt es in Wurstform beim Geflügelhändler auf dem Markt oder in der Geflügelabteilung im Supermarkt.

Tip
Alle Rezepte mit Brokkoli können sie genausogut auch mit Blumenkohl zubereiten.

DIE SKORPION-DIÄT

★ ★

Tip

Bei diesen Rezepten sparen Sie auch Zeit, wenn Sie gekochten Reis und gekochte Kartoffeln im Vorrat haben.

Tip

Den Chicorée können Sie gegen Lauch oder Chinakohl austauschen. Beide Gemüsesorten haben – wie der Chicorée – kurze Garzeiten und sind auch gesund.

CHICORÉE-PFANNE

1 Staude Chicorée
1 Banane
1 Putenschnitzel (150 g)
1 EL Haselnüsse
4 EL Wasser
1 EL Zitronensaft
1 TL Curry
1 TL Sojasauce
1 TL Honig
Salz, Pfeffer
1 EL Öl
1 EL Rosinen (ungeschwefelt)
1 Portion gekochter Reis

1. Chicorée längs halbieren und in dicke Streifen schneiden. Banane schräg in dicke Scheiben, Putenfleisch in dünne Scheiben schneiden. Die Nüsse grob hacken.
2. In einer Tasse das Wasser mit Zitronensaft, Curry, Sojasauce, Honig, Salz und Pfeffer verquirlen.
3. Eine beschichtete Pfanne erhitzen. Das Öl hineingeben. Das Putenfleisch und die Hälfte der Banane scharf anbraten.
4. Chicorée, Haselnüsse, Rosinen und Reis in die Pfanne geben. Die

Currysauce zugießen, alles einmal umrühren, kurz aufkochen. Die restlichen Bananenscheiben zugeben.

LAUCH-PFANNE

1 kleines Hähnchenbrustfilet (150 g)
Marinade: 1 EL Sojasauce,
1 EL Weißwein,
1 zerdrückte Knoblauchzehe
Salz, Pfeffer
2 EL Weißwein
1 EL Tomatenketchup
2 TL Honig
einige Tropfen Öl
1 Stange Lauch
1 Portion gekochter Reis

1. Hähnchenbrust schnetzeln und in der Marinade 1 Stunde ziehen lassen.
2. In einer Tasse eine Sauce rühren aus Weißwein, Tomatenketchup, Honig, Salz und Pfeffer.
3. Eine beschichtete Pfanne erhitzen und mit Öl auswischen. Das Hähnchenfleisch darin anbraten. Lauchstreifen und Sauce zugeben. Zugedeckt 5 Minuten schmoren. Den Reis am Pfannenrand erwärmen.

DIE SKORPION-DIÄT

★★★★★★★★★★★★★★★★★★★★★★★★★★★★★★★★★★★★★

FISCH-PFANNE

150 g TK-Fischfilet (Kabeljau,
Rotbarsch, Seelachs oder Scholle)
einige Tropfen Zitronensaft
Salz, Pfeffer
3 gekochte Kartoffeln
1 Stange Lauch
4 EL Wasser
2 EL Senf
1 EL Crème fraîche
einige Tropfen Öl

1. Fischfilet auftauen, in große
Würfel schneiden, mit Zitronensaft,
Salz und Pfeffer würzen.
2. Kartoffeln in Schnitze, Lauch in
Ringe schneiden. In einer Tasse
das Wasser mit dem Senf verrühren.
3. Eine beschichtete Pfanne erhitzen und mit Öl auswischen. Kartoffeln goldbraun braten. Lauch zugeben. Hitze herunterschalten. Fischwürfel zugeben, rundherum mit
schwacher Hitze anbraten.
4. Die Senfsauce zugießen, alles
vorsichtig umrühren und einmal
kurz aufkochen.

FLEISCH-PFANNE

1 Scheibe Lammkeule
(200 g mit Knochen)
150 g Weißkohl
3 gekochte Kartoffeln
1 Lorbeerblatt, 5 Nelken
1 Zwiebel
½ Tasse Wasser
1 EL Crème fraîche
½ TL Instant-Brühe
½ TL Muskat oder Kümmel
einige Tropfen Öl
Salz, Pfeffer

1. Fleisch würfeln, Weißkohl in
feine Streifen, Kartoffeln in Schnitze schneiden. Lorbeerblatt und
Nelken auf die Zwiebel stecken.
2. Eine Sauce rühren aus 2 EL
Wasser, Crème fraîche, Instant-
Brühe und Muskat oder Kümmel.
3. Pfanne mit Öl auswischen.
Fleisch scharf anbraten. Mit Salz
und Pfeffer würzen. Restliches
Wasser, Weißkohl und Zwiebel
zugeben, zugedeckt 10 Minuten
schmoren. Kartoffeln und Sauce
zugeben, 3 Min. köcheln lassen.

Tip
*In die Fisch-Pfanne
können Sie statt Lauch
auch TK-Erbsen oder
TK-Spinat geben.*

Tip
*Den Knochen von der
Lammkeule sollten Sie
mitbraten und später
dann herausnehmen.
Das macht dieses
Gericht noch würziger.
Statt Weißkohl können
Sie auch Wirsing
nehmen.*

D

DER TYPISCHE SCHÜTZE

SCHÜTZE ★★★★★★★★★★★★★★★★★★★★★★★★★★★★★★★★★★★★★★★

*Begeisterungsfähig,
humorvoll,
mitreißend,
tatkräftig,
selbstlos,
gerecht,
blauäugig,
leichtgläubig.*

ORGANISATION

*Großzügig bis genial,
verliert sich nicht in
Details.
Sucht gern
das Weite – in Form
von Reisen.*

ERNÄHRUNG

*Akzeptiert ungern
Grenzen, können
ziemlich dick werden.
Treiben aber viel Sport,
verhindern damit das
Schlimmste.*

Keiner kann einem so unverblümt auf die Füße treten wie der Schütze und dabei meinen, er habe eine überaus charmante Bemerkung gemacht. O-Ton Schütze: »Der Hut steht Ihnen aber gut.« Sie denken, das ist ein hübsches Kompliment. Im stillen denkt der Schütze: Dieser schreckliche Hut verdeckt wenigstens diese scheußliche Dauerwelle. Er ist manchmal sehr direkt und kann damit weniger schlagfertige Leute völlig aus der Fassung bringen. Dabei will er Sie eigentlich nur aufheitern, Ihnen etwas Nettes sagen. Wenn Sie nicht ganz schnell das Thema wechseln, wird er nicht aufhören weiterzufrotzeln und die Lage bis zur Peinlichkeit verschärfen. Wenn er sich so mit der Breitseite ins Fettnäpfchen gesetzt hat, reagieren Frauen ziemlich gereizt und Männer fast mit Fäusten. Schützen gehen einfach davon aus, daß ihre Art von Humor witzig ist und überall gleichermaßen gut ankommen muß. Nur ganz Hartgesottene überstehen das unbeschadet.

ER ÜBERSCHREITET GERN GRENZEN

Das gilt für sein Leben und auch für Länder. Den Ernst des Lebens will er nicht anerkennen und auch nicht die Grenzen, die ihm manchmal gesetzt werden. Naiv, tapfer und optimistisch stürzt er sich in das Getümmel und kalkuliert nur selten die Konsequenzen ein. Er stürzt sich in Abenteuer, besonders in Liebesabteuer. Wenn es aber darum geht, zu diesem Menschen auch zu stehen, den er gerade so eingewickelt hat, dann sucht er das Weite. Das sucht er auch, wenn es darum geht, geographische Grenzen zu überschreiten. Keiner reist so gern wie der Schütze. Immer, wenn es eine Gelegenheit gibt abzudüsen, ist er schon fort. Exotische Länder haben es ihm besonders angetan, Dresden kennt er aber genausogut wie New York. Er kann froh sein, wenn ihm unterwegs nicht einer ein Wasserschloß in der Sahara angedreht hat, denn er ist so unglaublich leichtgläubig und gutmütig – er wollte das Wasserschloß doch nur vor dem Abriß bewahren.

DAS SAGEN DIE STERNE ZU SEINEN PFUNDEN

★★★★★★★★★★★★★★★★★★★★★★★★★★★★★★★★★★★★★★★

SCHÜTZE

Da er auch beim Essen keine Grenzen akzeptiert, kann der Schütze schrecklich dick werden. Das einzige, was manche davon abhält, ist ihre Quirligkeit und ihr Hang, sich zu bewegen. Unter den Schützen findet man überdurchschnittlich viele Sportler, die sich schon vor dem Frühstück zum Joggen auf die Piste schwingen. Keine Sportart ist ihnen fremd. Und das hält sie bis ins hohe Alter fit.

SCHLANK DURCH SPORT

Am guten Essen liegt es nicht, wenn ein Schütze gut in Form ist. Der willensschwache Typ verspricht sich jeden Tag, morgen nun endlich mal vernünftig zu werden und vernünftiger zu essen. Erst wenn's richtig weh tut, die Gelenke anschwellen und er den Tennisschläger nur unter Schmerzen festhalten kann, kommt er zur Vernunft. Dann meidet er fettes Fleisch und Alkohol. Dennoch kann es passieren, daß er bei dem Duft von gegrillten Schweinesteaks seine Vorsätze vorübergehend über Bord wirft und nicht nur eins, sondern einen ganzen Satz ißt. Er lebt dann auch wieder zähneknirschend mit den Konsequenzen und seinen schmerzenden Gelenken. Der Typ ist fällig für einen neuen Anlauf. Das muß keine strenge Diät sein, sondern nur eine besser zusammengestellte Ernährung mit weniger tierischem Fett, mehr Gemüse und Obst, weniger Süßigkeiten und harten Getränken.

DICK DURCH ZU WENIG BEWEGUNG

Andere Schützen verausgaben sich nicht so sehr auf dem Tennisplatz. Sie findet man am Schreibtisch oder im Auto. Sie neigen zum Dickwerden. Hier muß die Ernährung auf den wirklichen Bedarf eingestellt und über mehr Bewegung nachgedacht werden. Und damit's dem reiselustigen Schützen nicht zu langweilig wird mit der Ernährungsumstellung, bekommt er Gerichte, die er von seinen Reisen kennt. Beim Knabbern an einem goldgelben Maiskolben werden vielleicht Erinnerungen wach … damals am Strand von Miami Beach.

SO ISST UND KOCHT
DER SCHÜTZE

SCHÜTZE ★★★★★★★★★★★★★★★★★★★★★★★★★★★★★★★★★★★★

Komisch, die Schützen stolpern eher durch die Welt, als daß sie sie durchschreiten. Sie erzählen liebend gern Witze, vermasseln aber die Pointe. Sie haben ein hervorragendes Gedächtnis, verlieren aber ständig ihre Hausschlüssel und können sich nicht mehr daran erinnern, wo sie ihren Mantel gelassen haben. Und wenn sie einen Lockenwickler in der Wohnung finden, glauben sie, die Röhre aus dem Fernsehapparat sei herausgefallen. Die Gerüchteküche liegt ihnen eher als die eigentliche. Kein Wunder, wenn diese Schützen ein Handbuch haben müssen, um ein Spiegelei in die Pfanne zu kriegen. Sie zeigen sich nicht besonders talentiert in der Küche und beim Kochen – natürlich mit Ausnahmen.

BRAUCHEN EINE KRANKENSCHWESTER

Nicht selten, daß Schütze-Männer eine tatkräftige Haushälterin – in jungen Jahren eher eine tüchtige Krankenschwester – benötigen. Die Schütze-Frauen leben oft allein und machen sich nicht viel aus Familienbeziehungen. Schon gar nicht

können sie einen Mann an ihrer Seite vertragen, der sie rumkommandiert. Sie wollen gebeten werden. Auf der anderen Seite können sie mit Schwächlingen überhaupt nichts anfangen. Und so sucht sich jeder seine Lösung. Der Schütze-Mann eine Frau, die seine Unfähigkeiten ausgleicht. Die Schütze-Frau einen Partner, der stark ist und notfalls androht, ihr den Hals umzudrehen, wenn … Denn nur so läßt sie sich einschüchtern. Sie ist bestimmt keine Hausfrau. Aber, wenn es darauf ankommt, wird sie die Zähne zusammenbeißen (man hört geradezu das Knirschen) und das Haus auf Hochglanz polieren. Viel lieber ist sie mit ihrem Mann auf einer Geschäftsreise – weit weg.

HINREISSENDE GASTGEBER

Auch wenn sie mit Küche, Kochen und Haushalt nichts am Hut haben, so geben sie doch die hinreißendsten Feste. Das kriegt ein Schütze so hin, daß er sich garantiert nicht die Finger schmutzig macht. Das macht er nämlich so: Er ruft ein

SO ISST UND KOCHT
DER SCHÜTZE

★★★★★★★★★★★★★★★★★★★★★★★★★★★★★★★★★

paar nette Freundinnen an und erzählt von seinem Vorhaben. Die
wiederum erklären sich sofort be-
reit mitzuhelfen. Sie lassen sich die
Gästeliste einschließlich der Tele-
fonnummern geben. Mehr muß der
Gastgeber für seine Party nicht tun.
Die Mädels machen einen Plan:
Gerda macht den Kartoffelsalat,
Uwe bringt die Würstchen mit
(wird ihn nicht überfordern), Ute
macht diesen köstlichen Graved
Lachs und gleich die Senfsauce
dazu – kann sie so gut, darin ist
sie einfach Spitze. Erich bringt Brot
und Brötchen mit, Susanne diesen
wunderwollen Linsensalat nach
dem Rezept von Siebeck und so
weiter und so fort. Das totale Programm. Am Tag der Party öffnet
der Gastgeber schick angezogen
und wohlriechend die Tür, emp-
fängt die Gäste, und plötzlich steht
da ein Buffet, bei dem sich selbst
ein 3-Sterne-Koch auf die Schulter
klopfen würde. Und es wird ein
fröhliches Fest, von dem die Gäste
Jahre später noch erzählen. Eine
Warnung an Partner von Schützen:
Lassen Sie den Schützen mal machen und hängen Sie sich da nicht
hinein. Sie sehen ja, es geht auch
ohne Arbeit. Sorgen Sie nur für die
Blumendekoration.

DER SCHÜTZE-ALLTAG

Der Schütze-Mann kann gerade
noch das Tier erlegen, zubereiten
muß es seine Frau oder seine Part-
nerin. Also den Einkauf macht er
noch selbst, an der Pfanne ist er
untauglich. Wenn er mal ein paar
Tage allein überleben muß, geht er
ins Restaurant, oder »Mutti« muß
ihm alles vorgekocht und eingefroren hinterlassen haben. Schütze-
Frauen sind da anders. Obwohl
ihnen Kochen selten Spaß macht,
zwingen sie sich einfach dazu.
Die Kinder werden immer eine anständige Mahlzeit vorfinden, wenn
sie aus der Schule kommen, die
Mutter wird nicht gerade unter-
ernährt sein. Probleme haben nur
die jungen Frauen, die manchmal
mit spärlichen Kochkenntnissen aus
dem Haus geschickt werden. Denen reicht dann eine Banane oder
ein Joghurt.

DIE SCHÜTZE-DIÄT

  ★★

Auf Kochkünste kann man bei den Schützen nicht bauen. Natürlich gibt es Ausnahmen. Wie bei allen Sternzeichen leben auch unter den Schützen welche, die es mit den großen Kochkünstlern Deutschlands aufnehmen können. Einfach gut in Praxis und Theorie. Für die ist aber dieses Buch nicht gemacht, sondern für die, die Hilfe brauchen. Hilfe braucht ein dicker Schütze. Nun kann man dem nicht mit komplizierten Ernährungsvorschlägen kommen, ist vergebene Liebesmüh. Packen kann man ihn eher mit einfachen Gerichten, die auch schnell zuzubereiten sind und keine hohen Ansprüche an seine Kochkünste stellen. Die Schützen sind ja willig. Sie sehen ein, daß man etwas für sich tun muß, wenn man nicht hinterm Schreibtisch platzen, wenn man nicht dieses oder jenes Zipperlein haben will. Damit es den Schützen nicht zu schwer fällt, etwas für ihre Ernährung zu tun, bekommen sie lauter Gerichte, die diese kosmopolitischen Menschen, die so viel von dieser Welt gesehen haben, auch an ihre vielen

Reisen erinnern. Und die Jungen – die jungen Frauen und Männer –, die sich noch nicht so viel in der Weltgeschichte herumgetrieben haben, bekommen einen Vorgeschmack auf das, womit sie sich bei ihrem nächsten Rucksackurlaub ernähren können – und das noch preiswert. Einige Gerichte stammen aus Amerika, sie erinnern einfach an Sonne und Strand. Überall stehen da die kleinen Buden, ihnen entströmt ein herzhafter Duft von Hamburgern und Hot dogs – gut zubereitet, sind sie kein Angriff auf Leib und Seele. Einige Gerichte kommen aus Österreich oder Skandinavien. Ein Beweis dafür, daß man sich auch unterwegs gut und gesund ernähren kann.

EINE DIÄT VOLLER ERINNERUNGEN

Weil die Schützen sich so viel in der Weltgeschichte tummeln, bekommen sie die »internationale Diät«. Eine milde, menschenfreundliche Form und deshalb vielleicht ein Anreiz, etwas gegen die eigenen Überpfunde zu unternehmen. Wichtig bei jeder Diät – egal, ob

DIE SCHÜTZE-DIÄT

★★★★★★★★★★★★★★★★★★★★★★★★★★★★★★★★★★★★★★★

sie einen abbauen oder wieder aufbauen soll – ist die Mischung. Das schafft man am besten mit viel Obst und Gemüse, mit bestimmten Mengen an Fleisch, Fisch und Geflügel. Wichtig sind auch die »weißen« Mahlzeiten zum Frühstück und zwischendurch. Die sorgen dafür, daß man genug Calcium bekommt, das braucht man für die Knochen und die Zähne.

FRÜHSTÜCK

Devise Nr. 1: Nicht ohne Frühstück aus dem Haus. Wer abnehmen oder gesund leben will, muß essen. Dazu gehört auch das Frühstück. Wer ohne Frühstück aus dem Haus geht, bekommt bis zum Mittagessen einen Bärenhunger und läuft Gefahr, daß er die Schokoladenriegel wahllos verdrückt. Also, als Vorsorgemaßnahme: ein Frühstück. Die Rezepte dazu finden Sie auf den Seiten 138 und 139.

MITTAGESSEN

Das Mittagessen ist die größere Mahlzeit des Tages. Sie finden darunter Gerichte aus der Schweiz, Spanien, Italien und Österreich. Nur ein paar Beispiele, die Sie vielleicht auf neue Ideen bringen. Die Rezepte finden Sie auf den Seiten 140 und 141.

ABENDESSEN

Das ist die kleinere Mahlzeit des Tages. Die Mehrzahl ist warm, es gibt aber auch ein Sandwich, das gegen alle anderen Sandwiches in diesem Buch austauschbar ist. Eine kleine Auswahl an Rezepten für das Abendessen finden Sie auf den Seiten 142 und 143.

MITTAGS IM RESTAURANT ODER KANTINE

Für den Notfall: ein knackiger Salat mit etwas Geflügel oder Fisch. Wenn Sie im Restaurant essen, suchen Sie sich ein China-Restaurant oder einen kleinen Italiener. Dort bekommen Sie immer eine leichte, nicht zu fette Mahlzeit.

DIE SCHÜTZE-DIÄT

★ ★

Tip

Am besten schmecken Erdbeeren, Sie können aber auch jedes andere Obst nehmen: Pfirsiche, Nektarinen, Beerenobst – frisch oder tiefgekühlt.

Tip

Statt Lachs kann ein weitgereister Schütze auch Kaviar nehmen.

MILCH MIT ERDBEEREN UND CORN-FLAKES

1 Portion Erdbeeren
2 TL Zucker
2 Tassen Milch (1,5 % Fett)
4 EL Corn-flakes

Erdbeeren putzen, halbieren. Mit Zucker bestreuen und mit Milch übergießen. Mit Corn-flakes bestreuen.

SPANISCHES OMELETT

2 Tomaten
½ Paprikaschote
1 Ei
Salz, Pfeffer
1 EL gehackte Petersilie
1 Vollkornbrötchen

Gemüse fein würfeln und in einer beschichteten Pfanne braten. Ei mit Salz und Pfeffer verquirlen und über das Gemüse gießen. Stocken lassen, bis die Oberseite trocken ist. Mit Petersilie bestreuen. Auf einen Teller gleiten lassen. Dazu gibt es ein Brötchen.

SESAMBRÖTCHEN MIT LACHS

1 Sesambrötchen
2 TL Frischkäse-leicht
1 EL Schnittlauch
1 Scheibe geräucherter Lachs
½ Grapefruit

Brötchen halbieren, mit Frischkäse bestreichen und mit Schnittlauch bestreuen. Den Lachs halbieren und auf die Brötchenhälften legen. Hinterher gibt's eine Grapefruit.

HAM & EGGS

2 Streifen Frühstücksspeck
1 Ei
Salz, Pfeffer
2 Scheiben Vollkorntoast
1 TL Butter oder Margarine
3 Tomaten
2 EL Schnittlauchröllchen

Speck in einer beschichteten Pfanne ausbraten. Ei mit Salz und Pfeffer verquirlen und in der Pfanne locker als Rührei stocken lassen. Dazu Buttertoast und Tomaten mit Salz, Pfeffer und Schnittlauch.

DIE SCHÜTZE-DIÄT

★★★

PFANNKUCHEN MIT BLAUBEEREN

2 EL Pfannkuchenmehl
½ Tasse Milch oder 1 EL Crème fraîche und 4 EL Wasser
½ Paket TK-Blaubeeren
1 TL Butter oder Margarine
1 TL Zucker
1 Stück Zitronenschale (ungespritzt)

Pfannkuchenmehl mit Milch oder Crème fraîche und Wasser verquirlen. Die Blaubeeren mit Butter, Zucker und Zitronenschale in einer beschichteten Pfanne einmal aufkochen, beiseite stellen. Die Pfanne unter heißem Wasser abspülen, mit Küchenkrepp trockenreiben. Die Pfanne erhitzen, jeweils 2 EL Teig hineingeben und zwei Pfannkuchen ausbacken. Die Blaubeeren darauf verteilen.

PALATSCHINKEN

Pfannkuchenteig (s. links)
2 EL Magerquark
1 EL Rosinen
einige Tropfen Zitronensaft
1 TL Zucker
2 TL abgeriebene Zitronenschale
1 EL Orangenmarmelade

Quark mit Rosinen, Zitronensaft, Zucker und Zitronenschale verrühren. Zwei Pfannkuchen ausbacken, mit Orangenmarmelade bestreichen und mit der Zitronencreme füllen und aufrollen.

Tip
Links finden Sie das Grundrezept für Pfannkuchen. Pfannkuchenmehl gibt's als Fertigprodukt (Mondamin) für süße und für herzhafte Pfannkuchen. Aus diesem Pfannkuchen-Fixteig können Sie auch Waffeln backen.
Bei einer guten, beschichteten Pfanne brauchen Sie kein zusätzliches Fett. Wenn Sie ein Stückchen vom Pfannkuchen mit einem Spatel lösen, dann rollt er sich regelrecht aus der Pfanne.

DIE SCHÜTZE-DIÄT

★★

Tip

Für die Leberspießli können Sie auch Schweine- oder Rinderleber, oder auch Geflügelleber nehmen. Die Lorbeerblätter geben einen kräftigen Geschmack, mitessen sollten Sie sie nicht.

Tip

Die Hähnchen-Pfanne können Sie auch mit Putenschnitzel oder einer Hähnchenkeule zubereiten. Die braucht allerdings 20 Minuten in der Pfanne, bis sie durchgebraten ist.

SCHWEIZER LEBERSPIESSLI

100 g Kalbsleber
3 Scheiben Frühstücksspeck
6 Lorbeerblätter
1 EL Keimöl
Salz, Pfeffer
2 Stückchen Baguette
1 Portion gemischter Salat
einige Tropfen Zitronensaft
1 EL Wasser
1 EL Schnittlauchröllchen

1. Leber würfeln, Speck in Stücke schneiden. Abwechselnd mit den Lorbeerblättern auf zwei Holzspieße stecken.
2. Eine beschichtete Pfanne erhitzen und mit Öl auswischen. Die Spieße 10 Minuten auf mittlerer Hitze rundherum braun braten. Mit Salz und Pfeffer würzen.
3. Dazu gibt es Baguette und einen gemischten Salat mit einer Sauce aus dem restlichen Öl, Zitronensaft, Wasser, Salz, Pfeffer und Schnittlauch.

SPANISCHE HÄHNCHEN-PFANNE

1 kleines Hähnchenbrustfilet
2 Scheiben Frühstücksspeck
100 g Champignons
$\frac{1}{2}$ Paprikaschote
1 EL Tomatenmark
3 EL Wasser
$\frac{1}{2}$ TL Instant-Brühe
einige Tropfen Öl
1 Portion gekochter Reis
2 EL TK-Erbsen
Salz, Pfeffer
1 EL gehackte Petersilie

1. Fleisch, Speck, Champignons und Paprikaschote kleinschneiden.
2. Eine Sauce rühren aus Tomatenmark, Wasser und Instant-Brühe.
3. Eine beschichtete Pfanne erhitzen, mit Öl auswischen. Speckstücke und Hähnchenfleisch rundherum scharf anbraten. Gemüse zugeben und 3 Minuten mitbraten.
4. Die Sauce hinzugießen, zugedeckt 5 Minuten köcheln lassen. Reis und Erbsen zugeben und kurz erhitzen. Mit Salz, Pfeffer und Petersilie würzen.

DIE SCHÜTZE-DIÄT

★★★

ITALIENISCHES RINDFLEISCH MIT TOMATENSAUCE

1 Frühlingszwiebel
einige Tropfen Öl
1 dünngeschnittenes Huftsteak
(150 g)
Salz, Pfeffer
½ Paket Tomatensauce
(Fertigprodukt)
½ TL getrockneter Oregano
Beilage: 3 gekochte Kartoffeln,
1 Portion gekochter Reis
oder Bandnudeln

1. Frühlingszwiebel schräg in dicke Scheiben schneiden.
2. Eine beschichtete Pfanne erhitzen und mit Öl auswischen. Das Steak von jeder Seite 1 Minute scharf anbraten, beim Wenden mit Salz und Pfeffer würzen. Frühlingszwiebeln kurz mitbraten.
3. Tomatensauce und Oregano zum Fleisch geben und zugedeckt auf schwacher Hitze 10 Minuten schmoren. Mit Salz und Pfeffer abschmecken.
4. Dazu gibt es geröstete Kartoffelschnitze, Reis oder Bandnudeln.

MARILLENKNÖDEL
Foto Seite 130 und 131

3 gekochte Kartoffeln
1 Eigelb
3 EL Mehl
Salz
3 Aprikosen
3 Stück Würfelzucker
1 TL Semmelbrösel
1 EL Butter oder Margarine

1. Kartoffeln durch eine Presse drücken. Mit Eigelb, Mehl und Salz verkneten. Den Teig in drei Teile teilen und flach drücken.
2. Je eine entsteinte Aprikose und ein Stück Zucker hineindrücken. Drei Knödel formen.
3. Einen Topf mit 1 Liter Salzwasser zum Kochen bringen. Die Knödel darin 15 Minuten garziehen und gut abtropfen lassen.
4. In der Zwischenzeit in einer beschichteten Pfanne die Semmelbrösel hellbraun anrösten. Butter oder Margarine zugeben, bräunen und über die Knödel gießen.

Tip
Die Marillenknödel können Sie statt mit Aprikosen auch mit Zwetschgen zubereiten.

Tip
Rösten Sie erst die Semmelbrösel goldbraun an, geben Sie dann erst die Butter hinzu. Das hat den Vorteil, daß die Semmelbrösel sich nicht mit Fett vollsaugen und nichts mehr von der Butter übrigbleibt.

DIE SCHÜTZE-DIÄT

★★★★★★★★★★★★★★★★★★★★★★★★★★★★★★★★★★

ZWIEBELSUPPE

3 Zwiebeln
1 EL Öl
1 Tasse Brühe (Instant)
½ Tasse Weißwein
Salz, Pfeffer
1 Prise Zucker
½ TL getrockneter Estragon
1 Scheibe Toastbrot
4 EL geriebener Käse

1. Die Zwiebeln in dünne Streifen schneiden.
2. Öl in einem Topf erhitzen und die Zwiebeln darin glasig braten. Brühe und Weißwein zugießen und alles 5 Minuten köcheln lassen.
3. Mit Salz, Pfeffer, Zucker und Estragon herzhaft abschmecken.
4. In der Zwischenzeit das Brot rösten.
5. Die Suppe in eine ofenfeste Suppenschale füllen. Toastbrot darauflegen, mit Käse bestreuen und solange überbacken, bis der Käse anfängt zu schmelzen.

MAISKOLBEN MIT BUTTER

2 Maiskolben
Zucker, Salz
2 TL Butterflöckchen
2 Scheiben Vollkornbrot
2 TL Remoulade
einige Salatblätter

1. Maiskolben mindestens 15 Minuten leise in einem großen Topf in Wasser mit etwas Zucker köcheln lassen.
2. Maiskolben abtropfen lassen, auf einen Teller legen, mit Salz bestreuen und die Butterflöckchen darauf schmelzen lassen.
3. Dazu gibt es ein Sandwich mit Remoulade und Salatblättern.

HOT DOG

1 langes Milchbrötchen
1 Wiener Würstchen
1 TL Salatcreme, 1 TL Ketchup
¼ grüne Gurke
2 EL Magermilchjoghurt
1 EL Zitronensaft
Salz, Pfeffer, 1 TL Zucker
1 EL Schnittlauchröllchen

DIE SCHÜTZE-DIÄT

★★

1. Das Brötchen halb durchschneiden und rösten. Das Würstchen erhitzen und in das Brötchen legen. Je einen Klecks Salatcreme und Ketchup daraufsetzen und einige hauchdünne Gurkenscheiben dazwischen legen.

2. Dazu gibt es einen Gurkensalat mit einer Sauce aus Joghurt, Zitronensaft, Salz, Pfeffer, Zucker und Schnittlauch.

HAMBURGER

1 rundes Milchbrötchen mit Sesam
1 EL Öl
1 TK-Hamburger (Fertigprodukt)
1 Zwiebel
Salz, Pfeffer
1 TL Ketchup
1 Portion gemischter Salat
2 EL Wasser
einige Tropfen Zitronensaft
1 Prise Zucker
1 EL Schnittlauchröllchen

1. Das Brötchen halbieren und rösten. Eine beschichtete Pfanne erhitzen, mit Öl auswischen und den Hamburger darin braten.

2. Auf eine Hälfte des Brötchens Salatblätter, einige Tomatenscheiben, Zwiebelringe und den Hamburger legen, mit Salz, Pfeffer und Ketchup würzen, zusammenklappen.

3. Dazu gibt es einen gemischten Salat mit einer Sauce aus dem restlichen Öl, Wasser, Zitronensaft, Salz, Pfeffer, Zucker und Schnittlauch.

THUNFISCH-SANDWICH

1 Stange Staudensellerie
1 EL Salatcreme
1 kleine Dose Thunfisch (natur)
Salz, Pfeffer
einige Salatblätter
2 Scheiben Sesambrot

1. Staudensellerie, Salatcreme und Thunfisch im Blitzhacker grob zerkleinern, mit Salz und Pfeffer würzen.

2. Salatblätter auf eine Scheibe Brot legen, den Thunfischsalat drauf verteilen, die andere Scheibe daraufklappen und diagonal durchschneiden.

Tip

Den Hamburger müssen Sie nicht selbst neu erfinden und zubereiten, den gibt es fertig zu kaufen, vier Stück in einer Packung. Ist natürlich nicht so lecker, wie der, den Sie aus Amerika kennen – saftig vom Holzkohlegrill.

Tip

An dieser Stelle fällt Ihnen sicherlich das ganze Repertoire der amerikanischen Sandwiches ein. Wir können Sie nicht alle aufzählen, hier nur einige, an die Sie sich sicherlich gern erinnern werden: Scrambled-Egg-Sandwich, Pastrami-Sandwich, Chicken-Salad-Sandwich. Die können Sie sich abends zubereiten, möglichst immer zusammen mit einem bunten Salat.

22. DEZEMBER BIS 20. JANUAR

DER

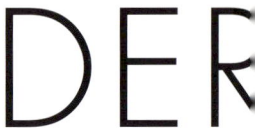

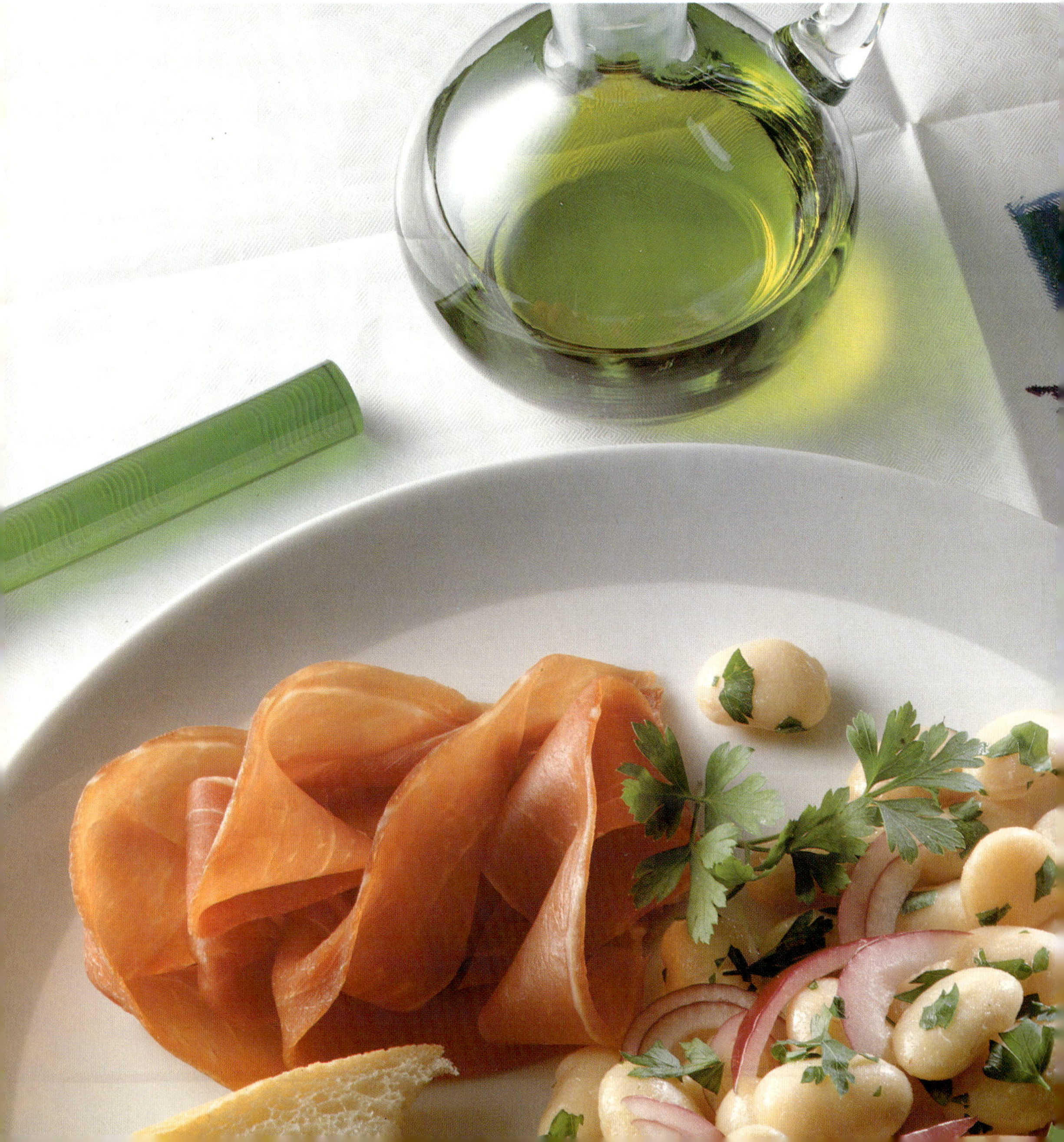

STEINBOCK

DER TYPISCHE STEINBOCK

 **STEINBOCK** ★★★★★★★★★★★★★★★★★★★★★★★★★★★★★★★★★★★★★★★

PERSÖNLICHKEIT
Selbstbewußt, ernst, zuverlässig, ehrgeizig, zurückhaltend, strebsam, zäh, unterkühlt.

ORGANISATION
Sehr diszipliniert, mit einer Liebe zum Detail.

ERNÄHRUNG
Genügsam, fast asketisch, selten dick, eher zu dünn.

Egal, woher sie kommen, sie klettern immer nach oben. Stückchen für Stückchen wie eine Bergziege, denn oben finden sie es immer besser als unten, diese zähen Steinböcke. Sie sind bestimmt nicht intelligenter als andere Menschen, sie sind auch nicht reicher als andere. Sie halten sich aber grundsätzlich da auf, wo man vorwärts kommen und sich verbessern kann. Sie sind ehrgeizig. Dabei geht es ihnen nicht so sehr ums Geld oder eine glänzende Karriere, sie wollen nur ihr Leben selbst bestimmen und hassen Abhängigkeiten. Bloß raus aus der Masse. Sie gehen auf Distanz und haben ihre eigene Ordnung.

ZUVERLÄSSIG WIE EINE EIERUHR
Auf den Steinbock können Sie sich verlassen. Wenn Sie sich mit ihm verabreden, steht er pünktlich an der Ecke. Es gibt aber auch Ausnahmen, die kommen drei Stunden später oder nie, aber wie gesagt, das sind Ausnahmen und nicht typisch. Sie sind geradlinig und ehrlich. Allerdings strahlen sie auch die Wärme und Herzlichkeit eines Stuhlbeins aus. Steinbock-Frauen sehen aus wie ein Wattekissen – was man nicht auf den ersten Blick sieht, sind die darin verborgenen Reißzwecken. Steinböcke stehen für absolute Grundwerte, aber Leidenschaft, Lockerheit und Lustigkeit lassen sie vermissen. Manchmal vermitteln sie auch den Eindruck von Trägheit und Apathie. Ein bißchen spröde sind diese Steinbock-Typen schon.

ERFOLGE LOCKEN SIE AUS DER RESERVE
Ein Steinbock, der obenauf schwimmt – besser: auf dem Berggipfel steht –, kann durchaus fröhlich, kreativ und witzig sein. Dann versprüht er trockenen Humor und nimmt das Leben von der heiteren Seite. Kann lachen und lustig sein und andere damit anstecken. Passiert eher den Steinböcken, die schon reichlich Erfahrung gesammelt und gelernt haben, daß man dem Leben durchaus heitere Seiten abgewinnen kann, ohne daß man an Ansehen verliert, ohne daß der Lack darunter leidet.

DAS SAGEN DIE STERNE
ZU SEINEN PFUNDEN

★★★★★★★★★★★★★★★★★★★★★★★★★★★★★★★★★★ **STEINBOCK**

Das Erscheinungsbild der meisten Steinböcke ist eher spärlich. Sie vermitteln den Eindruck, daß sie aufgepäppelt werden müssen, Kandidaten für die Kinder-Landverschickung. So diszipliniert, wie sie nun einmal sind, schlagen sie selten über die Stränge. Sie wissen sehr wohl, was ihnen bekommt und was sie besser auslassen sollten. Sie wissen auch noch gut Bescheid: Sie kennen den Kartoffelhändler mit den goldgelben Kartoffeln und den Marktstand, der garantiert frei herumlaufende, frische tote Hühner hat. Nie würden sie einen Pfennig mehr bezahlen, wenn es irgendwo etwas billiger gibt, sie kennen die guten Einkaufsquellen und laufen dafür meilenweit. Sie sind nicht geizig, aber wollen für ihr Geld die beste Qualität. Steinböcke können auch kochen, meistens so, wie sie es von ihren Müttern gelernt haben. Dazu schwingen sie sich aber selten auf – es besteht keine Gefahr, daß sie durch diese Künste richtig fett werden. Ein echter Steinbock ernährt sich von dem, was er auf den spärlichen Berggipfeln findet. Völlerei ist für ihn ein Fremdwort.

NICHT ZUVIEL, SONDERN ZUWENIG IST SEIN PROBLEM

Es gibt stämmige Steinböcke, um die braucht man sich keine Sorgen zu machen. Es gibt aber ganz dünne, um die geht es hier. Die müssen regelrecht aufgepäppelt werden. Das Gute: Steinböcke können sich gut organisieren, sind sehr diszipliniert. Eine vernünftige Empfehlung akzeptieren sie und setzen sie in die Tat um. Solange sie ihnen einleuchtet. Sie sind im Winter geboren, zu einer Zeit, in der es wenig frisches Gemüse gibt. Sie können mit so gesunden Nahrungsmitteln wie Kohl und Hülsenfrüchten umgehen. Nicht, daß hier der Verdacht entsteht, daß diese Erbsenzähler nun Erbsen bekommen müssen. Nein, sie wissen Hülsenfrüchte zu schätzen, sie sind die einzigen, die gut damit umgehen können. Sie bekommen die »herzhafte« Diät und die Empfehlung, mehr zu trinken.

SO ISST UND KOCHT DER STEINBOCK

★★★★★★★★★★★★★★★★★★★★★★★★★★★★★★★★★★★★

Das Haus eines Steinbocks sieht so aus, als würde es von einer Heerschar von Heinzelmännchen in Ordnung gehalten. Da blinkt und blitzt alles. Das Silber ist geputzt, die Teppichfransen sind gekämmt. Selbst die Zeitschriften sind feinsäuberlich auf Kante gestapelt. Dahinter kann eine Hausfrau, aber auch ein Hausmann stecken. Voraussetzung, wie gesagt: Sie sind Steinböcke.

HILFSBEREIT UND SELBSTLOS

Steinböcke sind richtige Kümmerer. Sie kümmern sich um ihre alten Eltern, um kranke Freundinnen, um die Kumpels ihrer Kinder. Da können die eigenen Kids längst aus dem Haus sein, die Freunde von ihnen kommen noch jahrelang wieder und lassen sich durchfüttern. Steinbock-Mütter sind unglaublich geduldig und jammern nie, wenn es um Mann, Mäuse, Haus und Hof geht. Sie bringen ihren Kindern anständige Manieren bei und einen angemessenen Stolz auf ihre Kiste, auf ihre Herkunft. Auch wenn die Kiste nicht pompös ist.

Undenkbar, daß die Familie zu den Mahlzeiten nicht vollversammelt ist und daß nicht etwas Ordentliches auf dem Tisch steht. Es kann schlicht sein, aber keiner geht aus dem Haus, ohne sein Lunchpaket, ohne etwas im Magen zu haben. Dafür sorgt die Mutter Steinbock. Vater Steinbock kümmert sich eher um die Schularbeiten und repariert die Fahrräder oder den Rasenschlauch.

BESCHEIDENHEIT IST IHRE ZIERDE

Bei Steinbocks geht's bescheiden zu. Da wird nie auf den Putz gehauen, da wird eher tiefgestapelt. Auch wenn die Verhältnisse anderes zulassen würden, sie machen es nach außen hin nicht sichtbar. Ihr Luxus ist die Unauffälligkeit. So sind auch ihre Freunde. Leise und intelligent. Riesenparties wird's bei ihnen nicht geben, aber es werden immer Freunde da sein, mit denen sie eine Partie Schach spielen oder fachsimpeln können. Oder die Freundinnen aus dem Wohltätigkeitsverband, selten aus dem Golfclub.

SO ISST UND KOCHT DER STEINBOCK

★★

STATT KAVIAR LIEBER KARTOFFELN

Steinböcken fällt selbst das Buchstabieren von Kaviar schon schwer. Statt dessen stehen Kartoffeln auf ihrem Zettel. Die können sie in allen Variationen zubereiten, bis hin zum Festessen. Sie lieben die schlichten Gerichte, immer ein bißchen konservativ und altmodisch. Aber köstlich. Sie sind nicht die Typen, die sich nach modernen Rezepten richten. Sie lieben Klassisches. Da kennen sie sich aus, da fühlen sie sich sicher. Sie verfügen über eine unglaubliche Sachkenntnis, sie können ganz genau den Unterschied zwischen dem Grauburgunder Jahrgang 91 und 92 erklären und den von der Gloria (Kartoffel) und Celina. Sie wissen auch ganz genau, wo sie etwas einkaufen müssen und wo sie es besser bleiben lassen. Und – ganz wichtig – wo es etwas billiger gibt. Denn sie sehen nicht ein, daß sie für gleiche Qualität auch nur einen Pfennig dazubezahlen. Steinböcke sind die absoluten Warenkundler. Wenn Sie Fragen haben, fragen Sie ihn.

EDELRESTAURANTS SIND SPERRGEBIET

Selten werden Sie einen sparsamen Steinbock in einem Edelrestaurant mit hohen Preisen finden. Jeder Steinbock wird Ihnen klarmachen, daß das Preis-Leistungs-Verhältnis nicht stimmt. Daß er das, was die dort anbieten, billiger machen kann – und besser. Also Mädels, verabreden Sie sich nicht dort mit einem Steinbock. Besser aufgehoben sind Sie in einer Kneipe, wo es die Bratkartoffeln mit dem Hering noch für 8 Mark 50 gibt. Sonst gibt es nur Streit, und Ihr Appetit erstirbt Ihnen auf der Zunge wegen einer endlosen Diskussion, warum dieser Fisch in diesem Laden 38 Mark kostet und auf dem Markt für 20 Mark pro Kilo zu haben ist. Wenn Sie sich mit einem Steinbock verabreden, machen Sie sich ein bißchen kleiner und stecken Sie zurück. Er hat andere Argumente, keine warmen und herzlichen, sondern solide und handfeste.

DIE STEINBOCK-DIÄT

★★★★★★★★★★★★★★★★★★★★★★★★★★★★★★★★★★★★★

Wie bereits gesagt, über die robusten Steinböcke brauchen wir uns nicht den Kopf zu zerbrechen. Die haben ihr Mittelmaß gefunden, mit dem sie einigermaßen gesund durchs Leben kommen. Kümmern wollen wir uns um diese abgemagerten, spärlichen Typen, die aufgepäppelt werden müssen. Die findet man sowohl unter den Männern als auch unter den Mädchen und Frauen. Klapperdürr und unterversorgt. Die müssen richtig lernen zu essen. Ganz schwierige Fälle sollten einmal bei den Fischen nachschauen und sich den Eßbaukasten einverleiben. Steinböcke, um die es nicht ganz so dramatisch steht, sind gut bedient mit dem Steinbock-Programm. Dort bekommen sie herzhafte, handfeste Kost, preiswert und unkompliziert. Das ist die »herzhafte« Diät, dahinter verbirgt sich ein ganz gesundes Programm. Kartoffeln und Hülsenfrüchte, nur die gewissenhaften Steinböcke können damit umgehen und wissen den ernährungswissenschaftlichen Wert zu schätzen. Leckere Linsen- und Bohnengerichte, leicht und schnell zuzubereiten, wenn man die Grundzutaten einmal kocht und dann im Tiefkühlvorrat portionsweise griffbereit hat.

DIE MEISTEN TRINKEN ZUWENIG

Wer wenig ißt, muß viel trinken. Viele Steinböcke essen zuwenig und trinken zuwenig. Dabei ist die richtige Flüssigkeitszufuhr unglaublich wichtig. Wenn der Körper zu wenig Flüssigkeit bekommt, stellen sich ziemlich schnell Störungen im Allgemeinbefinden ein: Kopfschmerzen, Übelkeit, eine starke Einschränkung der Leistungs- und Konzentrationsfähigkeit, Niedergeschlagenheit, Kreislaufbeschwerden und Herzrhythmusstörungen — sowie unangenehmer Körpergeruch. Wer acht Tage nichts ißt, dem passiert gar nichts. Wer acht Tage nichts ißt und nichts trinkt, fällt bewußtlos um. In der normalen Ernährung ist eine Menge Flüssigkeit enthalten. Viele Nahrungsmittel bestehen zu 90 % aus Wasser. Dazu kommt der normale Getränkekonsum. Wenn man aber so wenig

DIE STEINBOCK-DIÄT

★★★

ißt, wie es die Steinböcke manchmal tun, bekommen sie durch ihre Ernährung von vornherein nicht genügend Flüssigkeit. Wenn sie darüberhinaus auch noch wenig trinken, geht's ihnen elend. Es passiert nämlich noch mehr im Körper. Zum Beispiel wird das Blutvolumen weniger. Die Nebennieren produzieren ein Hormon, welches das Wasser im Körper bindet. Der Körper klammert sich an das Salz, um nicht zu viel Flüssigkeit zu verlieren, gibt aber Kalium großzügig ab. Das kann zu Wasseransammlungen in den Beinen führen. Der Körpergeruch kommt von einer erhöhten Säureproduktion. Die Lösung des Problems ist: mehr trinken. Wissenschaftler haben herausgefunden, daß es keine Komplikationen gibt, wenn man täglich zwei Liter Urin produziert. Das heißt, daß man täglich drei Liter Flüssigkeit zu sich nehmen muß. Einen Liter durch die Ernährung und zwei Liter durch Getränke – Mineralwasser, Tees, Kaffee (nicht zu stark), verdünnte Obstsäfte und Gemüsesäfte.

FRÜHSTÜCK
Einige Vorschläge mit Milch und Milchprodukten und auch Herzhaftes finden Sie auf den Seiten 152 und 153.

MITTAGESSEN
Eintopfgerichte mit Kohl und Hülsenfrüchten, lecker, herzhaft und gesund. Einige Musterrezepte finden Sie auf den Seiten 154 und 155.

ABENDESSEN
Die Tiefkühlvorräte lassen sich abends auch zu köstlichen Mahlzeiten verarbeiten. Geht ganz schnell, ist wirklich kein Problem. Die Rezepte dazu finden Sie auf den Seiten 156 und 157.

IM RESTAURANT UND IN DER KANTINE
Verkneifen Sie sich im Restaurant Gerichte mit Hülsenfrüchten, sie werden meistens zu fett zubereitet. Greifen Sie lieber zu einem Salat mit einem bißchen Geflügel oder Fisch. Bereiten Sie sich die Erbsen- und Bohnengerichte lieber selbst zu Hause zu.

DIE STEINBOCK-DIÄT

★★★★★★★★★★★★★★★★★★★★★★★★★★★★★★★★★★★★★★★

Tip

Das Obst können Sie gegen jede Sorte, die Sie mögen, austauschen. Wer morgens nicht gut auf säurehaltige Obstsorten reagiert, ißt etwas Magenfreundliches, wie z. B. Bananen, und läßt Zitronensaft weg. Etwas Obst oder Gemüse zum Frühstück tut Ihnen gut, fördert Ihre Verdauung.

MILCH MIT ZWIEBACK

2 Tassen Milch (1,5 % Fett)
1 Stückchen Zitronenschale (ungespritzt)
2 TL Zucker
2 Vollkornzwieback
1 Apfel

Milch mit Zitronenschale erhitzen, mit Zucker verrühren und in einen tiefen Teller gießen. Zwieback zerbröckeln und hinzugeben. Hinterher gibt es einen Apfel.

KAKAO UND BRÖTCHEN

2 Tassen Milch (1,5 % Fett)
2 TL Instant-Kakao
1 Sesambrötchen
2 TL Frischkäse-leicht
2 TL Honig
1 Banane

Milch erhitzen und mit Kakao verquirlen. In einen Kakaobecher füllen. Brötchen halbieren, mit Frischkäse bestreichen und mit Honig beträufeln. Hinterher gibt's eine Banane.

ROSINENQUARK

1 Banane
1 EL Rosinen
1 EL Haselnüsse
5 EL Cremquark
1 EL Crème fraîche
2 TL Zucker
1 EL Zitronensaft
1 TL abgeriebene Zitronenschale (ungespritzt)

Banane kleinschneiden, mit Rosinen und Nüssen mischen. Cremquark und Crème fraîche mit Zucker, Zitronensaft und Zitronenschale verrühren und auf dem Obst verteilen.

KÜMMELSTANGE

1 Kümmelstange
1 TL Butter oder Margarine
1 TL Senf
einige Salatblätter
1 Scheibe Käse
½ Apfelsine
½ Banane
1 EL Zitronensaft
1 TL Zucker

DIE STEINBOCK-DIÄT

★★★★★★★★★★★★★★★★★★★★★★★★★★★★★★★★★

Die Kümmelstange halbieren und eine Iälfte mit Butter oder Margarine, die andere Hälfte mit Senf bestreichen. Eine Hälfte mit Salatblättern und Käse belegen und die andere Hälfte darüberklappen. Hinterher gibt es einen Obstsalat: Apfelsine und Banane kleinschneiden, mit Zitronensaft beträufeln, mit Zucker bestreuen.

BAUERNFRÜHSTÜCK

2 gekochte Kartoffeln
1 Frühlingszwiebel
Salz, Pfeffer
1 TL Butter oder Margarine
3 Tomaten
1 Ei
1 EL Schnittlauchröllchen

Kartoffeln und Frühlingszwiebel in Scheiben schneiden. Eine beschichtete Pfanne erhitzen und die Kartoffelscheiben trocken anbraten. Die Zwiebelringe zugeben, mit Salz und Pfeffer würzen. Die Butter oder Margarine hinzugeben und die Kartoffelscheiben goldbraun zu Ende braten. Die Tomaten ganz kurz mitschmoren. Ein Ei verquirlen, über das Gemüse geben, zugedeckt stocken lassen. Mit Salz, Pfeffer und Schnittlauch bestreuen.

Tip

Schon morgens Bratkartoffeln ist nicht jedermanns Sache. Es gibt aber viele, die morgens gern etwas Herzhaftes essen, besonders wenn sie wissen, daß das Mittagessen spät ausfällt. Passiert z. B. Sportlern am Wochenende. Sie stehen früh auf, müssen Leistung bringen und kommen manchmal erst abends zu ihrer nächsten großen Mahlzeit.

DIE STEINBOCK-DIÄT

MITTAGESSEN ★★

Tip

Bevor Sie beim
Weißkohl-Eintopf den
Weißkohl hinzugeben,
vorher prüfen, ob das
Fleisch weich ist. Sonst
noch einige Minuten
weiterköcheln lassen
und evtl. etwas Wasser
nachgießen.

Tip

Hülsenfrüchte, wie z. B.
weiße Bohnen, Erbsen
und Linsen, können ein
Gemüse sein und auch
eine Beilage. Sie ent-
halten hochwertiges
Eiweiß und Kohlen-
hydrate mit einem
hohen Anteil an Ballast-
stoffen. Leider brauchen
sie eine Weile, bis sie
gar sind. Im Dampf-
drucktopf geht's schnel-
ler. Wenn Sie Hülsen-
früchte kochen, kochen
Sie gleich ein paar Por-
tionen mehr mit, frieren
Sie sie ein. Ergibt immer
eine schnelle Mahlzeit,
eine Beilage oder einen
gesunden Eintopf.
1 Portion Hülsenfrüchte
= ½ Tasse, ca. 125 bis
150 g gekocht.

WEISSKOHL-EINTOPF MIT LAMM

1 Scheibe Lammkeule mit Knochen (200 g mit Knochen, 150 g Fleisch)
2 Zwiebeln
3 Kartoffeln
1 Portion Weißkohl (150 g)
1 EL Öl
1 ½ Tassen Wasser
1 TL Instant-Brühe
1 Lorbeerblatt
Salz, Pfeffer
1 TL Kümmel

1. Den Knochen aus dem Fleisch herauslösen, das Fleisch würfeln. Zwiebeln grob hacken. Kartoffeln schälen und würfeln. Weißkohl in feine Streifen schneiden.
2. In einem Topf Öl erhitzen. Fleisch, Knochen und Zwiebeln scharf anbraten. Kartoffeln, Wasser, Instant-Brühe und Lorbeerblatt zugeben und 20 Minuten köcheln lassen. Den Knochen herausnehmen.
3. Mit Salz, Pfeffer und Kümmel würzen. Weißkohl zugeben und 10 Minuten weiterköcheln lassen.

WEISSE BOHNEN MIT CORNED BEEF

3 Kartoffeln
Salz
2 Frühlingszwiebeln
100 g Corned beef (1 dicke Scheibe)
1 EL Keimöl
1 Portion gekochte weiße Bohnen
3 EL Weinessig
½ EL getrockneter Thymian
Pfeffer

1. Kartoffeln in Salzwasser zu Pellkartoffeln kochen.
2. Frühlingszwiebeln schräg in Scheiben schneiden. Corned beef würfeln.
3. In einem Topf Öl erhitzen. Die Frühlingszwiebeln kurz darin anbraten. Die Bohnen zugeben und erhitzen. Mit Weinessig, Thymian, Salz und Pfeffer abschmecken. Das Corned beef hinzugeben, einmal gut umrühren und kurz erwärmen.
4. Die Bohnen neben den Kartoffeln anrichten.

DIE STEINBOCK-DIÄT

★★★★★★★★★★★★★★★★★★★★★★★★★★★★★★★★★★

SAHNELINSEN MIT PELLKARTOFFELN

3 Kartoffeln
Salz
1 Portion gekochte Linsen
1 EL Weinessig
1 EL Zucker
Pfeffer
1 kleines Schinkenwürstchen
3 Frühlingszwiebeln
1 TL Butter oder Margarine
2 EL Crème fraîche
1 EL Schnittlauchröllchen

1. Kartoffeln in Salzwasser zu Pellkartoffeln kochen.

2. Linsen in einen Topf geben. Mit Weinessig, Zucker, Salz und Pfeffer süß-sauer abschmecken.

3. Würstchen und Frühlingszwiebeln in Scheiben schneiden und in einer beschichteten Pfanne in der Butter oder Margarine anrösten. Mit Salz und Pfeffer würzen.

4. Pellkartoffeln, Linsen und Würstchenscheiben mit Zwiebeln auf einen Teller legen. Einen dicken Klecks Crème fraîche und Schnittlauch auf die Linsen setzen.

MATJES-EINTOPF

2 Matjesfilets
3 Kartoffeln
knapp ½ Tasse Wasser
Salz
2 Frühlingszwiebeln
3 EL Dillgurken (Scheiben, Glas)
1 EL Crème fraîche
1 EL Gurkenwasser
Pfeffer
2 EL gehackter Dill

1. Matjesfilets abspülen und in Stücke schneiden.

2. Kartoffeln schälen, in Schnitze schneiden und in dem Wasser mit etwas Salz weich kochen.

3. Frühlingszwiebeln in Ringe, Dillgurken in Würfel schneiden.

4. Etwas von dem Kartoffelwasser abgießen. Crème fraîche und Gurkenwasser in die Kartoffeln rühren und ein wenig einkochen.

5. Frühlingszwiebeln, Gurkenwürfel und Matjesstreifen unterheben, kurz erhitzen. Mit Salz, Pfeffer und Dill abschmecken.

Tip
Das Würstchen bei den Linsen können Sie gegen ½ Kringel Grützwurst mit Rosinen austauschen. Die Grützwurst in dicke Scheiben schneiden und anrösten. Schmeckt köstlich.

DIE STEINBOCK-DIÄT

★★★★★★★★★★★★★★★★★★★★★★★★★★★★★★★★★★★★★★

Tip

*Diese Salate gehen
ganz schnell, wenn sie
die Linsen und Bohnen
im Tiefkühl-Vorrat
haben.*

Tip

*Es gibt ganz viele
Sorten Linsen, ein
echter Steinbock kennt
sie alle. Die roten
brauchen nur 10 Minu-
ten, sonst zerkochen
sie, deshalb eignen sie
sich auch gut für
Cremesuppen. Die
Tellerlinsen brauchen
ca. 20 Minuten. Noch
besser und knackiger
sind die kleinen
dunkelgrünen Linsen,
sie schmecken
besonders nussig.*

Tip

*Weiße Bohnen gibt es
in vielen verschiedenen
Größen. Für den Salat
eignen sich die ganz
großen. Die Salatsauce
läßt sich auch noch
vielseitig verändern,
z. B. mit etwas
Tomatenmark oder
Tomatensauce.*

LINSEN-SALAT MIT NÜSSEN

1 kleine Birne
1 Frühlingszwiebel
2 EL gehackte Walnüsse
1 Portion gegarte Linsen
1 EL Keimöl
1 EL Balsamessig
1 TL Zucker
Salz
Pfeffer
1 Mehrkorn-Baguettebrötchen

1. Birne würfeln, Frühlingszwiebel in 2 cm lange Streifen schneiden. Mit den Nüssen und Linsen mischen.
2. Eine Sauce zubereiten aus Öl, Balsamessig, Zucker, Salz und Pfeffer, über den Salat gießen, einmal umrühren und eine Weile ziehen lassen.
3. Das Baguettebrötchen schräg in Scheiben schneiden und dazu essen.

WEISSER BOHNEN-SALAT
Foto Seite 144 und 145

1 rote Zwiebel
1 Knoblauchzehe
1 Portion gegarte weiße Bohnen
2 EL grob gehackte Petersilie
1 EL Olivenöl
1 EL Weinessig
1 Prise Zucker
Salz, Pfeffer
50 g Parmaschinken
2 Stückchen Baguette

1. Die Zwiebel in dünne Ringe schneiden, Knoblauch fein würfeln. Alles vorsichtig mit den Bohnen und der Petersilie mischen.
2. Eine Sauce rühren aus Öl, Essig, Zucker, Salz und Pfeffer und über den Salat gießen. Eine Weile ziehen lassen.
3. Den Parmaschinken in kleinen Häufchen auf einen Teller setzen. Den Bohnensalat daneben anrich-ten. Dazu gibt es 2 Stückchen Baguette oder Fladenbrot.

DIE STEINBOCK-DIÄT

★★★★★★★★★★★★★★★★★★★★★★★★★★★★★★★★★★★★★★★

WEISSKOHL-SALAT

1 Portion Weißkohl
(150 g oder mehr)
Salz
2 EL Salatcreme
einige Tropfen Zitronensaft
1 Prise Zucker
Pfeffer
2 EL Haselnüsse
2 Scheiben Vollkornbrot

1. Den Weißkohl in dünne Streifen hobeln. Salzen und eine Weile ziehen lassen. Gut ausdrücken und die Flüssigkeit weggießen.
2. In einer Schüssel eine Sauce rühren aus Salatcreme, Zitronensaft, Zucker, Salz und Pfeffer. Weißkohl und Nüsse zugeben, einmal gut mischen und eine Weile ziehen lassen.
3. Dazu gibt es Vollkornbrot.

KÜMMELKARTOFFELN MIT LIPTAUER

1 EL Butter oder Margarine
1 EL Kümmel
3 gekochte Kartoffeln
Salz aus der Mühle
5 EL Magerquark
1 TL Crème fraîche
1 TL Edelsüß-Paprika
Salz, Pfeffer
1 Portion grüner Salat
einige Tropfen Öl
einige Tropfen Zitronensaft
1 EL Schnittlauchröllchen

1. Eine beschichtete Pfanne mit Butter oder Margarine auspinseln. Etwas Kümmel hineinstreuen.
2. Die Kartoffeln (mit Schale) halbieren und mit der Schnittfläche in die Pfanne setzen. Kartoffeln mit Butter bepinseln und mit Kümmel und grobem Salz bestreuen. 20 Minuten mit 200 Grad backen.
3. Den Quark mit Crème fraîche, Edelsüß-Paprika, Salz und Pfeffer verrühren und auf Salatblättern anrichten. Dazu gibt es einen Salat mit Öl, Zitronensaft und Schnittlauch.

EXTRAS

Steinböcke müssen darauf achten, daß Sie zwischen den Mahlzeiten immer eine Kleinigkeit essen. Obst, Gemüse, ein Knäckebrot mit Frischkäse und Kräutern, ein Joghurt oder eine Quarkspeise. Und nicht vergessen: trinken, trinken, trinken!

157

DER TYPISCHE WASSERMANN

WASSERMANN

★★★★★★★★★★★★★★★★★★★★★★★★★★★★★★★★★★★★

PERSÖNLICHKEIT

*Beschwingt,
modern,
witzig,
frei,
schöpferisch,
sprunghaft,
unkonventionell,
idealistisch,
elementar,
faszinierend,
extrem,
stürmisch,
innovativ,
gerecht,
abgehoben,
zerstörerisch.*

ORGANISATION

*Neigt vom Chaos
bis zur pingeligen Ord-
nung, nur deshalb, weil
ihn die Ordnung vor
dem Chaos bewahrt.*

ERNÄHRUNG

*Mahlzeiten ziemlich
regelmäßig, von impro-
visiert bis zu verschwen-
derisch, bescheiden in
den Mengen.*

Die richtige Mischung aus kühler Vernunft, exzentrischen Angewohnheiten und schöpferischer Phantasie ergibt eben keinen Jeder- und erst recht keinen Bieder-, sondern einen richtigen Wassermann. Virtuos beherrscht er die feinsten Umgangsformen und verachtet dennoch jede Regel. Konventionen, alte Zöpfe sind für ihn die absolute Pest. Stets im Trend und auf dem laufenden, linst er auch gern in die Zukunft. Dort sieht er nicht düstere Bilder, sondern den ganz hellen Streifen am Horizont. Solche Visionen geben ihm seine Antriebskraft.

IMMER NACH VORN, IMMER NACH OBEN

Natürlich gibt es auch Rückschläge und Niederlagen. Aber da ist der Wassermann voller Zuversicht: Es kann nur besser werden. Sein bestbeschütztes Gut ist seine Unabhängigkeit. Um sie zu retten, opfert er auch eine sichere, aber sterbenslangweilige Karriere. Routine, Arbeit nach Vorschrift und die Devise von Partnern »...wieso, das haben wir doch immer so

gemacht!« killen seine Phantasie. Und die ist für ihn lebensnotwendig, mit der regelt er alles. Übrigens, bei Streit nimmt der Wassermann schnell seinen Hut und verschwindet – manchmal leise und manchmal ganz laut.

DER WASSERMANN UND SEINE MACKEN

Ein Wassermann-Mann braucht eine strapazierfähige Frau, die nicht zu hohe Ansprüche stellt, die geduldig wartet – auf den Trauschein und mit dem Essen, bis sie schwarz wird. Wenn sie das ertragen kann, dann halten die beiden es auch lange miteinander aus. Eine Wassermann-Frau bringt man aus der Fassung, wenn man ihr in irgend etwas hineinredet. Schließlich hat sie die Ideen. Solche Diskussionen sind Zeitverschwendung, man könnte sich in der gleichen Zeit auch über etwas Kluges unterhalten. In diesem Punkt kennt sie keine Zweifel. Ein Tip: Die Partner von Wassermann-Frauen sollten automatisch davon ausgehen, daß diese Mädchen es schon richtig machen.

160

DAS SAGEN DIE STERNE
ZU SEINEN PFUNDEN

★★★★★★★★★★★★★★★★★★★★★★★★★★★★★★★★★★★★

WASSERMANN

So sprunghaft wie die Wassermänner nun einmal sind, so können sie auch dick oder dünn oder
eine Zeitlang mal etwas dicker
oder dünner sein. Was immer sie
gerade sind, sie lassen sich von
ein paar Pfunden nicht verrückt
machen. Wenn sie mit ihrer Figur
unzufrieden sind, gibt es einen
Moment, in dem sie die richtigen
Maßnahmen ergreifen.

HABEN IHRE EIGENE METHODE
Sie meiden dann noch aufmerk-
samer fette Sachen, essen viel
Obst und Gemüse, halten ihre
Mahlzeiten ziemlich regelmäßig
ein oder lassen eher einmal eine
aus. So kommen sie Pfund für
Pfund ganz langsam, aber erfolg-
reich zum Ziel. Dann paßt ihre
Lieblingskleidergröße wieder – und
das ist bestimmt nicht die kleinst-
mögliche Kleidergröße. Wassermänner brauchen in ihrem Körper
auch ein bißchen Platz für ihre kleinen und großen Sprünge, ganz
besonders, wenn sie zickzack-
förmig sind. Die Pfunde, die sie
loswerden möchten, werden sie

auch planmäßig los. Sie lassen
sich dafür aber ein bißchen Zeit.
Wassermänner neigen zum
Schlingen, besonders wenn sie
allein essen. Nicht selten passiert
es, daß sie beim Essen Zeitung
lesen, Radio hören, fernsehen oder
telefonieren – oder alles zusammen
machen. Sie sollten sich bei ihren
Mahlzeiten mehr aufs Essen konzentrieren und ganz langsam (!)
kauen. Mit großen Gewichts-
schwankungen ist nicht zu rechnen.
Es sei denn, es gibt Probleme.
Zuviel Arbeit – und der ansonsten
quirlige Wassermann muß, länger
als ihm lieb ist, stillsitzen. Oder er
ist zuviel unterwegs und kommt
einfach nicht dazu, regelmäßig zu
essen. Passiert bei Wassermännern
mit Reisejobs. Aber nur bei denen,
die keine Vorsorge treffen und vorsichtshalber nicht ihr eigenes Sandwich einstecken. Kurzum: Wenn
ein Wassermann nicht seinen
quirligen Rhythmus beibehalten
kann und sich nicht auf die verän-
derte Situation einstellt, kann es zu
Überpfunden kommen.

SO ISST UND KOCHT
DER WASSERMANN

★★★★★★★★★★★★★★★★★★★★★★★★★★★★★★★★★★★★★

Nicht daß ihm das Essen wurscht wäre – im Gegenteil. Er versucht, sich nach den neuesten Erkenntnissen zu ernähren, hält das auch in der Regel ganz gut durch. Aber wenn es eine Gelegenheit gibt, genießerisch über die Stränge zu schlagen, tut er das – ohne schlechtes Gewissen. Denn er entschuldigt das mit seiner Neugierde, dieses Restaurant oder jenes dickmachende Rezept unbedingt einmal ausprobieren zu müssen.

NIE GANZ KONSEQUENT

Für jede gesunde Mahlzeit schlägt er sich innerlich auf die Schulter. Wenn sein Gewicht an die Grenze seiner Lieblingsjeans oder seines witzigsten Fummels geht, dann wird er auf einmal eisern. Dann kramt er seine gesündesten Rezepte und die besten Vorsätze heraus und kocht für sich brav allein – und manchmal noch für alle Freunde mit. Dann wandelt er seine Gerichte großzügig ab, statt magerem Fisch darf es auch ruhig fetter Lachs sein.

LIEBER KLEIN, ABER FEIN

Der Wassermann hat einen Vorzug, der ihm zum Erfolg verhilft: Er genießt seine kulinarischen Kreationen, genießt sie in vollen Zügen, entscheidet sich aber – sein großer disziplinarischer Vorteil – für kleine Portionen und kommt auch zum Ziel. Die Jeans passen dann nach einer Weile wieder. Wassermänner entscheiden gern zwischen »Gar-nicht-Essen« oder »Mini-Festessen«. Nur selten ruinieren sie ihre Figur und guten Vorsätze mit Junk-Food.

AUS EINEM REZEPT KOMMT IMMER
WIEDER ETWAS ANDERES HERAUS

Wassermänner kochen mit viel Phantasie. Als Vorlage dient ihnen häufig ein Rezept. Aber am Fuße des Rezeptes sieht alles ganz anders aus. Sie sind ständig am Abwandeln und Ändern. Zum Schluß kommt immer etwas Leckeres heraus. Sie lieben kleine, witzige Rezepte. Der fette Braten, der stundenlang in der Röhre schmoren muß, ist ihnen ein Greuel. Mit wenigen Mitteln müssen sie in

SO ISST UND KOCHT
DER WASSERMANN

★★★★★★★★★★★★★★★★★★★★★★★★★★★★★★★★★

kürzester Zeit etwas ganz Schickes auf den Teller zaubern. Überraschungsbesuch ist keine Katastrophe. Er steht nicht hungrig vom Tisch auf. Wassermänner haben immer so viele Vorräte, daß sie etwas Eßbares auftischen können. Und nachher erzählen sich die Gäste, daß es wieder köstlich geschmeckt hat.

LUST ZUM KOCHEN –
NICHT IMMER, ABER IMMER ÖFTER

Ein Pech können Überraschungsgäste haben: Daß der Gastgeber oder die Gastgeberin nun partout heute keine Lust haben, ihre Kochkünste vorzuführen und ganz schnell in die nächste Kneipe eingeladen werden wollen. Denn schließlich sind sie auch manchmal geizig. Das passiert, wenn Wassermänner das Gefühl haben, daß sie auch mal verwöhnt werden wollen, nachdem sie häufig genug selbst verwöhnt haben. Achtung Freunde! Ihr steht mit denen ganz schnell auf Kriegsfuß, wenn Ihr nicht auch einmal ankommt und sagt: »Heute bleibt die Küche kalt

– wir haben einen Tisch bestellt!« Und das kann dann die Bratkartoffel-Kneipe nebenan sein oder das neueste Restaurant, von dem es gerade eine hervorragende Kritik gegeben hat. Aber irgend etwas dazwischen tut's nicht. Wassermänner sind nämlich ganz schön wählerisch.

SIE HALTEN IHRER
KNEIPE DIE TREUE

Für Wassermänner gibt es auch nur zwei Sorten von Restaurants: Die eine Sorte sind ihre Stammkneipen. Da kann das Essen noch so schlecht sein, sie sind ihnen treu. Entweder, weil sie dort ihre Kumpels treffen und sich heimisch fühlen oder weil sie die Wirtin oder den Kellner so ins Herz geschlossen haben. Dann gibt's die In-Restaurants, von denen sie zunächst sehr begeistert, nach einer Weile aber gelangweilt sind. Irgendwann kündigen sie ihre Freundschaft, weil sie die Speisekarte in- und auswendig kennen. Nur ganz wenigen Restaurants halten sie über Jahre die Treue.

DIE WASSERMANN-DIÄT

★★★★★★★★★★★★★★★★★★★★★★★★★★★★★★★★★

Wenn der Wassermann findet, daß er seine Stromlinienform völlig verliert, zieht er die Notbremse. Er sucht sich keine Zwangsernährung aus, um sein Problem zu bekämpfen. Dafür hat er sich selbst viel zu lieb. Auch wenn ihm Diäten bei seiner Genialität verhaßt sind und er sie auch nie konsequent durchhält, versucht er es eher mit einer Luxus-Diät. Sie enthält die Portion Verwöhnaroma, die der Wassermann eben braucht. Nicht nur, daß die Pfunde langsam, aber sicher und gesund purzeln, diese Wassermänner lernen auch eine Menge für ihr Leben-nach-der-Diät. Natürlich kann man sie – weil nicht besonders häuslich – immer noch dazu überreden, in der Kantine oder im Restaurant zu essen. Dann greifen sie plötzlich zu Salaten und Mineralwasser und wollen von Pizza und Wein nichts mehr wissen.

HÄLT SICH AN FÜNF MAHLZEITEN

Der Wassermann ist einer der wenigen Menschen, der zwischendurch nicht immer etwas essen muß. Er ist eher der Typ, der für den Tag drei Mahlzeiten und zwei Extras einplant. Also, Frühstück, Mittagessen, Abendessen und zwei Zwischenmahlzeiten. Wenn er aber nicht zu diesen Mahlzeiten kommt, fängt er nicht an, wahllos darauf loszuessen – es sei denn, er hängt richtig durch. Normalerweise überlegt er sich sehr wohl, was ihm jetzt schmecken könnte, ohne daß er das auf der Waage und auf seinen Hüften wiederfindet. Er ist einer der wenigen, der mit einem knurrenden Magen an einer duftenden Bäckerei vorbeikommt. Disziplin!

BIS AUF MILCH MAG ER ALLES

Der Wassermann ißt eigentlich alles gern. Milch mag er nicht, aber Milchprodukte wie fein zubereitete Quarkspeisen und Kräuterquarks. Wenn er die Wahl hat, greift er eher zu Geflügel und Fisch als zu Fleisch. Bei Obst ist er sehr wählerisch. Bei Gemüse sind ihm alle Sorten und Zubereitungsformen recht: Er liebt es knackig, aber auch püriert. Mit Kräutern

DIE WASSERMANN-DIÄT

★★

geht er großzügig um, selbst auf seinem Frühstücksei fehlen sie nicht. Und er ist geradezu süchtig nach Kresse. Viele Wassermänner entwickeln auch eine große Liebe zu Kartoffeln, deshalb ist sein Leib- und Magengericht Pellkartoffeln mit Kressequark. Natürlich darf ein bißchen Kaviar nicht fehlen, da entscheidet er sich eher für den billigeren deutschen als für den teuren russischen. Sie können beim Wassermann sicher sein, daß selbst sein Magerquark noch eine Delikatesse ist und daß er lange nach der richtigen Kartoffel sucht – zartgelb, leicht mehlig, nicht zu süßlich im Geschmack. Wasser- männer können sich mit der Luxus- Diät verwöhnen.

KEIN FRÜHSTÜCK
SIEHT AUS WIE DAS ANDERE

Der Wassermann setzt schon morgens seine Phantasie ein. Vom Käsebrot bis zum Obstsalat gibt es bei ihm alles. Er ist da nicht fest- gelegt. Auf den Seiten 166 und 167 finden Sie einige Beispiele.

DAS MITTAGESSEN
IST NICHT SO WICHTIG

Achtung! Mittags bevorzugt der Wassermann eine kleine Mahlzeit und ißt das, was andere Leute abends essen. Und das am lieb- sten warm. Ein Süppchen, eine überbackene Gemüsepfanne, ge- dämpftes Gemüse mit einer lek- keren Sauce. Rezepte dafür stehen auf den Seiten 168 bis 169.

ENTSPANNUNG BEIM ABENDESSEN

Nichts ist ihm so wichtig wie das Abendessen. Da nimmt er sich Zeit zum Entspannen, da erholt er sich vom Streß. Wenn er selbst kocht, gibt es immer etwas Warmes. Seine Rezepte sind einfach, aber pfiffig. Nie wird er müde, etwas Neues auszuprobieren. Sein Erfin- dergeist ist schier unerschöpflich, die Ergebnisse sind köstlich. Weil der Wassermann mit viel Phantasie ausgerüstet ist, entsteht selbst aus einem langweiligen Putenschnitzel noch etwas Besonderes. Rezepte dazu finden Sie auf den Seiten 170 und 171.

DIE WASSERMANN-DIÄT

FRÜHSTÜCK ★★★★★★★★★★★★★★★★★★★★★★★★★★★★★★★★★★

Tip

*Frischkäse hat normaler-
weise 60 % Fett,
1 Teelöffel enthält
15 Kalorien.
Es gibt aber auch eine
magere Version: Frisch-
käse-leicht.
Da hat 1 Teelöffel nur
noch 9 Kalorien.*

Tip

*Statt Radieschen kön-
nen Sie auch dünne
Scheiben von Tomate
oder grüner Gurke neh-
men. Tomaten mit
Petersilie oder
Schnittlauch würzen,
Gurken mit Dill.*

Tip

*Putenpastrami ist ein
saftiger, gekräuterter
Putenbraten. Gibt es in
dünnen Scheiben als
Aufschnitt. Statt
Putenpastrami können
Sie auch Puten- oder
Hähnchensülze, geräu-
cherte Putenbrust oder
Kräuterlachsfleisch,
die Luxusversion von
Lachsschinken, nehmen.*

VOLLKORNBROT MIT RADIESCHEN

1 Scheibe Vollkornbrot
2 TL Frischkäse-leicht
einige Radieschen
Salz, Pfeffer
1 EL Schnittlauchröllchen

Das Brot mit Frischkäse bestrei-
chen. Die Radieschen in dünne
Scheiben schneiden und auf dem
Brot verteilen. Mit Salz, Pfeffer und
Schnittlauch bestreuen.

VOLLKORNBROT MIT PUTENPASTRAMI

1 Scheibe Vollkornbrot
2 TL Remoulade (Tube)
1 Scheibe Putenpastrami
3 Tomaten
1 EL Schnittlauchröllchen

Das Vollkornbrot mit Remoulade
bestreichen. Die Scheibe Putenpastrami darauflegen. Das Brot
diagonal durchschneiden. Tomaten
rund um das Brot legen und mit
Schnittlauchröllchen bestreuen.

166

DIE WASSERMANN-DIÄT

★★★★★★★★★★★★★★★★★★★★★★★★★★★★★★★★★★★★★★

KRESSE-EI
MIT TOAST

1 Ei
3 Butterflöckchen
Salz, Pfeffer
1 Päckchen Kresse
1 Scheibe Vollkorntoast

Das Ei wachsweich kochen, pellen und in ein Glasschälchen legen. Das Ei mit einem spitzen Messer aufritzen. Die Butterflöckchen hineinsetzen und mit Salz und Pfeffer würzen. Die Kresse vom Beet schneiden und auf dem Ei verteilen. Das Brot toasten, diagonal durchschneiden und dazu essen.

WASSERMANN-
GESUNDHEITSFRÜHSTÜCK

1 rosa Pampelmuse
evtl. 1 TL Zucker oder Honig
1 Banane
1 EL gehackte Haselnüsse
4 EL Corn-flakes

Pampelmuse schälen und filetieren. Das Pampelmusenfleisch kleinschneiden und in eine Müslischüssel legen. Wer will, kann es mit Zucker oder Honig süßen. Die Banane in Scheiben schneiden und mit der Pampelmuse mischen. Mit Haselnüssen und Corn-flakes bestreuen.

Tip

Nur sonntags ißt der Wassermann gern ein Ei, denn er achtet auf seinen Cholesterinspiegel. Ein Ei der Handelsklasse 1 hat normalerweise 300 Milligramm Cholesterin. Mehr darf man am Tag nicht zu sich nehmen, wenn der Arzt sagt, die Blutfettwerte seien zu hoch. Nehmen Sie kleine Eier, die haben nur 240 Milligramm Cholesterin - 20 Prozent weniger.

Tip

An seinem Gesundheitsfrühstück hängt der Wassermann sehr, besonders im Winter, wenn es die vitaminreichen, rosa Pampelmusen gibt. Im Sommer greift er lieber zu Beeren-obst oder Honigmelone.

DIE WASSERMANN-DIÄT

MITTAGESSEN ★★★★★★★★★★★★★★★★★★★★★★★★★★★★★★★★★★★★★

Tip

Denken Sie daran, der
Wassermann ißt mittags
die kleine Mahlzeit und
abends die große.

Tip

Das ist das
Grundrezept für die
Wassermann-
Cremesuppe.
Die variiert er beliebig:
mit Blumenkohl und
Putenmettklößchen.
Mit Kohlrabi und gerö-
steten Schinkenstreifen.
Mit Erbsen und gebrate-
nen Frühlingszwiebeln
und Wurstscheibchen.
So kocht er auch eine
köstliche Kartoffelsup-
pe: mit einem Gemisch
aus Knollensellerie und
Möhren. Obendrauf
kommen dann in Butter
geröstete Brotwürfel
oder auch Krabben,
wie bei der Version hier
mit dem Brokkoli.
Grundsätzlich nimmt er
150 g Gemüse und
kocht eine Kartoffel mit,
dann bekommt die
Suppe eine cremige
Konsistenz. Zum
Schluß kommt immer
etwas knackiges
Gemüse hinein –
für den Biß.

BROKKOLI-CREMESUPPE

1 Kartoffel

150 g Brokkoli

1 ½ Tassen Wasser

1 TL Instant-Brühe

1 EL Crème fraîche

Salz, Pfeffer, Muskat

50 g Krabbenfleisch

2 Stückchen Baguette

1. Die Kartoffel schälen und würfeln. Den Brokkoli kleinschneiden,
einige Röschen beiseite stellen.
2. Kartoffel und Gemüse in dem
Wasser mit der Instant-Brühe weich
kochen. Anschließend mit einem
Schneidstab pürieren.
3. Mit Crème fraîche, Salz, Pfeffer
und Muskat abschmecken. Eventuell etwas Wasser nachgießen.
4. Die zurückbehaltenen Brokkoliröschen und das Krabbenfleisch
zugeben und kurz erwärmen. Die
Suppe in eine Suppenschale füllen.
Dazu gibt es Baguette.

KARTOFFEL-GEMÜSE-GRATIN

3 gekochte Kartoffeln

3 Tomaten

4 EL geriebener Käse

4 EL Wasser

½ TL Instant-Brühe

Pfeffer

1 EL gehacktes Basilikum oder
andere frische Kräuter

1. Die Kartoffeln pellen. Kartoffeln und Tomaten in Scheiben
schneiden.
2. In einer Tasse den Käse mit
Wasser, Instant-Brühe und Pfeffer
verrühren.
3. In eine tellergroße, ofenfeste
Form zuerst eine Schicht Kartoffelscheiben legen. Dann die Tomatenscheiben mit dem gehackten
Basilikum daraufschichten. Zum
Schluß mit einer Lage Kartoffeln
abdecken.
4. Die Käsemischung auf dem
Auflauf verteilen und 20 Minuten
im vorgeheizten Backofen mit 200
Grad goldbraun überbacken.

DIE WASSERMANN-DIÄT

★ ★

PELLKARTOFFELN MIT KAVIAR UND KRESSEQUARK

3 Kartoffeln
Salz
5 EL Cremquark (0,2 % Fett)
1 EL Crème fraîche
Pfeffer
1 Päckchen Kresse
50 g Kaviar
1 Zitronenspalte
1 Portion Salat (Blattsalat, Tomaten, Gurke, Radieschen)
1 EL Öl
1 EL Weinessig
1 EL Wasser
1 Prise Zucker
2 EL Schnittlauchröllchen

1. Kartoffeln in Salzwasser zu Pellkartoffeln kochen.

2. Cremquark mit Crème fraîche, Salz und Pfeffer verrühren, die Hälfte der Kresse unterheben.

3. Die Kartoffeln pellen und zusammen mit dem Kressequark auf einem Teller anrichten.

4. Die restliche Kresse zusammen mit dem Kaviar als Häufchen danebenlegen. Die Zitronenspalte an den Rand legen.

5. Dazu gibt es einen gemischten Salat mit einer Sauce aus Öl, Essig, Wasser, etwas Zucker, Salz, Pfeffer und Schnittlauchröllchen.

Tip

Den Auflauf können Sie auch mit folgenden Gemüsesorten machen: Zucchini mit Basilikum, gekochten Blumenkohl- oder Brokkoliröschen mit Petersilie, gegarten feinen, grünen Bohnen mit Bohnenkraut. Wer möchte, kann in diesen Auflauf noch eine zerdrückte Knoblauchzehe geben.

Tip

Cremquark ist ein ganz magerer Quark (0,2 % Fett) mit einer besonders cremigen Konsistenz. Mit ganz wenig Crème fraîche verrührt, schmeckt er wie der fetteste Sahnequark. Solch eine Portion hat dennoch nur 60 Kalorien.

DIE WASSERMANN-DIÄT

★ ★

Tip

Abends ißt der Wassermann die große Mahlzeit.

Tip

Wenn Sie Reis kochen, kochen Sie gleich mehrere Portionen. Füllen Sie sie jeweils portionsweise in Plastikbeutel und frieren Sie sie ein. So haben Sie immer gekochten Reis parat, den Sie nur noch in der Mikrowelle zu erhitzen brauchen. Wenn Sie keine haben, dann können Sie den Reis auch in der noch heißen Bratpfanne erwärmen.

Tip

Fischfilet – folgende Sorten: Kabeljau, Rotbarsch, Seelachs, Scholle. Luxusversion: Lachs, Heilbutt, Shrimps oder Krabbenfleisch.

Tip

Statt Kalbsleber: Geflügelleber, Puten- oder Hähnchenbrustschnitzel, Fischfilet.

FISCHFILET IN DILLSAUCE
Foto Seite 158 und 159

150 g Fischfilet
einige Tropfen Zitronensaft
Salz, Pfeffer
1 Stück grüne Gurke
$\frac{1}{2}$ Tasse Wasser
2 EL Crème fraîche
$\frac{1}{2}$ TL Instant-Gemüsebrühe
2 EL gehackter Dill
1 Portion gekochter Reis

1. Das Fischfilet mit Zitronensaft beträufeln und mit Salz und Pfeffer würzen. Die Gurke fein würfeln.
2. In einer beschichteten Pfanne das Wasser mit Crème fraîche und Instant-Brühe verrühren und einmal kurz aufkochen. Den Fisch in die Sauce legen und auf jeder Seite 2 Minuten auf mittlerer Hitze garen.
3. Gurkenwürfel und Dill zugeben, alles kurz erhitzen.
4. Den Reis in der noch heißen Pfanne oder in der Mikrowelle erwärmen und neben dem Fisch anrichten.

KALBSLEBERRAGOUT MIT ESTRAGON

150 g Kalbsleber
2 Frühlingszwiebeln
1 Stück grüne Gurke
1 EL Öl
Salz, Pfeffer
$\frac{1}{2}$ Tasse Weißwein
1 EL Crème fraîche
1 TL getrockneter Estragon
1 Portion Kartoffelpüree

1. Leber in flache Stücke schneiden. Frühlingszwiebeln schräg in Ringe, Gurke in kleine, dünne Scheibchen schneiden.
2. In einer beschichteten Pfanne Öl erhitzen und die Leber auf beiden Seiten braten. Mit Salz und Pfeffer würzen. Die Frühlingszwiebeln zugeben und kurz mitbraten.
3. Nach und nach Weißwein zugießen. Gurkenscheiben, Crème fraîche und Estragon zugeben, mit Salz und Pfeffer würzen, 2 Minuten weiterköcheln lassen.
4. Das Kartoffelpüree neben der Leber anrichten.

DIE WASSERMANN-DIÄT

★★★★★★★★★★★★★★★★★★★★★★★★★★★★★★★★★★★★★★★

HÄHNCHEN IN ROTWEIN

1 Hähnchenkeule
Salz, Pfeffer, ½ TL Thymian
einige Tropfen Öl
2 Schalotten oder 1 Zwiebel
1 Knoblauchzehe
1 Portion rosa Champignons (150 g)
2 Lorbeerblätter
1 Tasse Rotwein
1 EL Tomatenmark (Tube)
1 Portion gekochter Reis oder
Salzkartoffeln

1. Hähnchenkeule mit Salz und Pfeffer würzen. Eine beschichtete Pfanne erhitzen und mit Öl auswischen. Die Hähnchenkeule auf beiden Seiten bei mittlerer Hitze goldbraun braten. Dauert ca. 20 Min.
2. Schalotten und Knoblauch würfeln. Champignons in Scheiben schneiden.
3. Die Hähnchenkeule nach dem Braten aus der Pfanne nehmen. Lorbeerblätter, Schalotten und Champignons hinzugeben und scharf anbraten. Mit Salz, Pfeffer und Thymian würzen, die Hitze herunterschalten.

4. Knoblauch zugeben. Die Hälfte des Rotweins zugießen. Tomatenmark hineinrühren und alles etwas einkochen.
5. Den restlichen Rotwein zugießen, alles einmal gut umrühren. Die Hähnchenkeule in die Mitte legen, nicht mit Sauce bedecken, sonst bleibt sie nicht knusprig. Alles 5 Minuten köcheln lassen. Dazu gibt es Reis oder Salzkartoffeln.

EXTRAS

Wenn der Wassermann zwischendurch Hunger bekommt, ißt er sich nicht wahllos durch seinen Kühlschrank. Am liebsten ist ihm dann:
● *Ein Brot mit Frischkäse und Gemüsescheibchen und Kräutern.*
● *Ein Cremesüppchen.*
● *Gemüse in Form eines knackigen, bunten Salates. Den hat er zum Naschen im Kühlschrank.*

DIE FISCHE

DIE TYPISCHEN FISCHE

FISCHE ★★

PERSÖNLICHKEIT

*Tiefsinnig,
geheimnisvoll,
sensibel,
intuitiv,
phantasievoll,
verträumt,
einfühlsam,
hilfsbereit,
uneigennützig,
idealistisch,
überempfindlich,
verschroben.*

ORGANISATION

*Lebt in einem Chaos
und leidet unter diesem
Chaos, bis er darin
eine höhere Ordnung
entdeckt. Erst dann
gibt er Ruhe.*

ERNÄHRUNG

*Ißt und trinkt
viel und
unregelmäßig.*

Er ist ein einziger, gewaltiger Widerspruch. Zuweilen sind seine Gedanken messerscharf, glasklar, ja genial. Dann wieder verliert sich sein Denken in bodenloser Tiefe. Träumend im Niemandsland fällt ihm sogar der eigene Name erst beim zweiten Anlauf ein. Trotzdem muß er einfach übersinnlich sein. Könnte er sonst die Gedanken anderer Menschen erraten? Oder immer – wie zufällig – gerade jenen Leuten begegnen, die er ohnehin vorhatte zu treffen? Hat er nicht ständig den Eindruck, daß er das, was gerade passiert, schon gesehen oder daß es ihm bereits begegnet ist?

BENIMMT SICH STÄNDIG DANEBEN

Erstaunlich ist nur, daß er zugleich über den größten Fettnäpfchen-vorrat verfügt. Kein anderes Stern-zeichen benimmt sich so himmel-schreiend daneben. Verliert den einzigen Schlüssel zur Haustür oder versäumt gerade jenen Ter-min, der für sein berufliches Weiter-kommen entscheidend ist. Wenn er in eine Krise gerät, verschanzt er sich hinter Träumen. Diese halten ihn davon ab, handfeste Entscheidungen zu treffen, die ihn möglicherweise aus dieser miß-lichen Lage befreien könnten. Er hofft dann auf die Zukunft und sieht nicht die Sonnenstrahlen, die ihn gerade anblinzeln.

SEINE GEFÜHLE

Er fühlt sich oft einsam und unver-standen. Genauso liebt er auch dieses »Mich-versteht-sowieso-kei-ner«-Spiel. Wie ein richtiger Fisch wehrt er sich gegen Versuche, ihn zu greifen oder zu begreifen. Er macht sich einfach glatt, gibt sich mysteriös, spricht von unbegriffener Seelentiefe. Naiv wie ein Kind? Geheimnisvoll wie eine Sphinx? Schlichtweg vergeßlich? Er bleibt ein Rätsel, dieser Fisch.

DAS SAGEN DIE STERNE
ZU IHREN PFUNDEN

FISCHE

★★★★★★★★★★★★★★★★★★★★★★★★★★★★★★★★

Im Grunde zählt beim Fisch nur sein freier, ungebundener Geist. Entsprechend großzügig, um nicht zu sagen gleichgültig, ist sein Verhältnis zu allem Existentiellen, auch zu sich und seinem Körper.

ALLES IM ÜBERMASS

Der Fisch ißt, trinkt, raucht viel zuviel und bewegt sich viel zuwenig. Er kann extrem dick, aber auch extrem dünn sein. Das sind die Fische, die durch Schaden klug geworden sind. Und da der noch nicht klug gewordene Fisch mit seinen Gedanken überall, jedoch kaum in seinem Körper ist, überhört er dessen Signale oder überdeckt sie mit dem Inhalt der randvollen Hausapotheke. Er malträtiert ihn schlichtweg. Der Chaos-Fisch ist bereits ein Kugelfisch, bis er merkt, daß er zugenommen hat. Ein hartes Stück Arbeit steht ihm bevor, wenn er sich an die Reparatur seiner Rettungsringe macht. Damit's schnell geht, würde er am liebsten zu einer »Wunderdiät« greifen, die blitzartigen Erfolg verspricht. Blitzartig ist aber nur die Art und

Weise, wie er von dieser Diät wieder abrückt. Sie kommt ihm schon nach drei Tagen zu den Ohren raus. Geduldig und gelassen sollte er Schritt für Schritt vorgehen und nicht gleich aufgeben, wenn ein bereits verloren geglaubtes Kilo wieder bei ihm auftaucht. Nur so lernt er, sich ein für alle Mal richtig zu ernähren. Dann klappt auch ein vernünftiger Abnahmeversuch auf Anhieb.

AB IN DIE ESS-SCHULE

Ein dicker Fisch muß richtig in die Eß-Schule gehen. Er muß ein Gefühl für Zutaten und Portionsgrößen bekommen. Für magere Zubereitungsformen und für regelmäßige Mahlzeiten. Er muß das 1x1 der gesunden Ernährung von Grund auf lernen, deshalb ist für ihn die Baukasten-Diät genau das Richtige. Damit kommt er Schritt für Schritt zum Ziel. Wenn er das Baukasten-Prinzip einmal bis in alle Einzelheiten begriffen hat, bekommt er nie wieder Probleme mit seinen Pfunden – versprochen!

SO ESSEN UND KOCHEN DIE FISCHE

★★★★★★★★★★★★★★★★★★★★★★★★★★★★★★★★★★★★★★★

Wenn es ums Essen geht, gibt es zwei Sorten von Fischen: Typ 1, der wilde, ungezügelte, und Typ 2, der erfahrene, disziplinierte, ja geradezu asketische Fisch.

UNDISZIPLINIERT ODER ASKETISCH

Der erste hält nichts von stilvollem Essen. Er hat von allen Tierkreiszeichen die schlechtesten Eßgewohnheiten. Er kann tagelang nichts essen – er vergißt es einfach. Anschließend kann er alles in sich hineinstopfen, vom fetten Mayonnaisensalat bis zu dick belegten Wurstbroten. Was er ißt, ist ihm ziemlich egal. Nichts paßt zueinander, auch nicht die Getränke. Zum Wurstbrot trinkt er Sekt, zur Seezunge im Restaurant, die er wie Fischstäbchen ißt, bestellt er sich eine Cola. Ganz schlimm wird es, wenn dieser Fisch ein Single ist, nur für sich kocht und keine Familie zu versorgen hat. Dann besteht sein Speiseplan aus Fast-Food, Konserven, Fertiggerichten, belegten Broten und Zwischenstops an der Frittenbude. Kein Wunder, daß diese Ernährungsweise seinen Tempel, sprich Körper, früher oder später ruiniert. Die Folge: Überpfunde mit manchmal extremen Ausmaßen. Kandidat für Bulimie (Eß- und Kotzsucht). Ein Psychologe würde herausfinden, daß dieser Fisch seinen Körper nicht liebt und nicht zögert, ihm alles zuzumuten.

DURCH ERFAHRUNG KLUG GEWORDEN

Das ist die zweite Sorte Fisch. Der fällt ins andere Extrem. Durch Erfahrung, meistens durch Krisen, hat er ein überwachsames Alarmsystem für das, was er seinem Körper antun kann oder besser bleiben läßt. Zum Frühstück gibt es Milch und Müsli, er drückt alles an seine Brust, was mit »Bio« gekennzeichnet ist, ist zum Fleischverächter geworden. Diese Fische kommen aus dem Fische-Lager, sie kochen hinreißende Fischgerichte. Ein vorsichtiger, wählerischer Esser, der es sich sogar zum Grundsatz machen kann, sich nach fünf Uhr nachmittags außer einem Betthupferl nichts mehr zu gönnen. Diese Fische sind manchmal geradezu überdünn und keine guten »Mitesser«.

SO ESSEN UND KOCHEN
DIE FISCHE

★★★★★★★★★★★★★★★★★★★★★★★★★★★★★★★★★★★★★★

FISCHE

BEIDE FISCH-TYPEN KÖNNEN
KOCHEN, ABER SEHR UNTERSCHIEDLICH

Fische-Typ 1, der gern über die Stränge schlägt, bekommt immer etwas auf den Teller, aber ziemlich unkonventionell. Er hält sich nicht gern an Rezepte, seine Gerichte sind einstudierte Stücke. Nur wenn er mal richtig Eindruck schinden will, wagt er sich an ein neues Rezept, was meistens viel zu kompliziert für seine Künste ist. Fische-Typ 2, der disziplinierte, versteht sich gut auf klassische Rezepte. Er kocht Eintöpfe, Fischgerichte und bereitet Salate zu – so wie bei Muttern.

BEI BEIDEN VERHUNGERN
DIE GÄSTE NICHT

Typ 1 lädt locker ein, begrüßt die Gäste in der Schürze und wirft die Nudeln ins heiße Wasser, wenn alle da sind. Da darf man auch mal in den Topf schauen und dabei die neuesten guten und schlechten Nachrichten aus der letzten Zeit erzählen. Irgendwann ist das Essen fertig, irgendwann kommt auch der Nachtisch. Keine Hektik, keine Schweißperlen auf der Stirn der Gastgeberin oder des Gastgebers. Stellen Sie also gemütlich Ihre Füße unter den Tisch. Typ 2 hat schon alles vorbereitet, und Sie haben gar keine Zeit, den Mantel auszuziehen, da steht schon die Suppe auf dem Tisch. Alles exakt vorgeplant und gut vorbereitet. Bitte, nichts durcheinanderbringen, sonst wird das Essen kalt. Sparen Sie sich die Frage, ob Sie etwas helfen können. Sie können nicht, es ist alles fertig. Beim Fische-Typ 1 ist es üblich, daß alle anschließend beim Aufräumen helfen und das Geschirr spülen. Bei Typ 2 traut sich keiner. Dieser Typ findet sich vor vielen schmutzigen Tellern und Gläsern wieder, wenn sich alle Gäste verabschiedet haben. Er ist so perfekt, daß keiner es für nötig hält, ihm zu helfen.

DIE FISCHE-DIÄT

★ ★

Ein großes Problem für den Fisch ist, sich zu organisieren. Sich Zeit für die Mahlzeiten zu nehmen und die Mahlzeiten richtig zu planen. Dabei hilft manchmal eine Einkaufsliste, damit er immer auf einen kleinen, vernünftigen Vorrat an Zutaten zurückgreifen kann.

REGELMÄSSIGE ESSENSZEITEN

Sein Frühstück, Mittagessen und Abendessen sollte der Fisch in seinem Tagesprogramm mit festen Zeiten einplanen. Frühstück (in Ruhe) eine Stunde bevor er morgens das Haus verläßt. Mittagessen zwischen 12 und 14 Uhr. Abendessen zwischen 18 und 20 Uhr. Eine Zwischenmahlzeit gegen 10 Uhr und eine gegen 16 Uhr. Dann kommt er auch ohne Heißhunger über die Runden.

DER ESS-BAUKASTEN:
DAS 1 x 1 DER RICHTIGEN ERNÄHRUNG

Jede Mahlzeit besteht aus drei Zutatengruppen. Jeweils ein Teil aus jeder der drei Gruppen sollte in den Hauptmahlzeiten enthalten sein. Der Fisch muß praktisch bei jeder Mahlzeit auf 3 Punkte kommen, dann erst ist sie komplett. Die drei Hauptmahlzeiten ergeben dann neun Punkte. Zwischendurch gibt es zwei Extras. Jedes Extra hat auch einen Punkt. Zusammen ergibt das am Ende des Tages 11 Punkte. Grundsätzlich gilt: Gehen Sie sparsam um mit zusätzlichem Fett. Mehr muß man sich beim Eß-Baukasten nicht merken. Und damit kennt der Fisch ein wichtiges Geheimnis: nach diesem Prinzip wird jede gesunde Mahlzeit, jedes vernünftige Ernährungsprogramm zusammengestellt.

DER GRÜNE PUNKT

Auch wenn es in den Rezepten vielleicht nicht extra erwähnt wird – das gilt für alle Sternzeichen-Diäten –: Jedes Brot, jedes Brötchen, jedes Sandwich, jedes Gericht können Sie mit Grünzeug aufpeppen. Mit Salatblättern, mit Tomaten-, Gurken- und/oder Radieschenscheiben, mit Kräutern und Sprossen, wie z. B. Kresse oder Alfalfa. Das macht alles frischer, knackiger und saftiger.

DIE FISCHE-DIÄT

★★

FRÜHSTÜCK
Gruppe 1
- 1 Scheibe Käse oder Aufschnitt
- 5 EL Magerquark
- 1 Becher Magermilchjoghurt
- 2 Tassen Milch, Buttermilch, Kefir oder Dickmilch
- 1 Ei

Gruppe 2
- 1 Scheibe Brot oder 1 Brötchen
- 4 EL Müsli, Haferflocken, Corn-flakes, Frühstücksflocken
- 1 EL Nüsse oder Samen

Gruppe 3
- 1 Portion Obst
- 1 Portion Gemüse (Radieschen, Gurke, Tomaten)

GROSSE MAHLZEIT - MITTAGESSEN
Gruppe 1
- 150 g Fleisch, Fisch o. Geflügel
- 2 Eier
- 3 Scheiben Käse
- 5 EL Magerquark

Gruppe 2
- 3 Kartoffeln
- 1 Portion Reis
- 1 Portion Nudeln
- 2 Scheiben Brot o. 2 Brötchen

Gruppe 3
- 1 Portion Salat
- 1 Portion Gemüse

KLEINE MAHLZEIT – ABENDESSEN
Gruppe 1
- 2 Scheiben Käse oder Aufschnitt
- 50 g Fleisch, Fisch oder Geflügel
- 5 EL Magerquark
- 1 Becher Magermilchjoghurt
- 2 Eier

Gruppe 2
- 3 Kartoffeln
- 1 Portion Reis
- 1 Portion Nudeln
- 2 Scheiben Brot oder 2 Brötchen

Gruppe 3
- 1 Portion Salat
- 1 Portion Gemüse

EXTRAS
- 1 Portion rohes Gemüse
- 1 Portion Obst
- 5 EL Magerquark, 1 Becher Magermilchjoghurt, 2 Tassen Milch, Buttermilch, Kefir oder Dickmilch

1 PORTION
Obst =
1 Stück groß,
2 Stück klein

Salat =
150 g, geputzt

Gemüse =
150 g, geputzt

Kartoffeln =
3 Stück,
150 g, geschält

Reis =
50 g, 1/2 Tasse roh,
125 g gekocht

Nudeln =
100 g roh,
ca. 200 g gekocht

◗ + ◗ = ●
Zwei halbe Portionen
ergeben eine ganze.

WICHTIG!
Gehen Sie sparsam
mit Fett um.

WICHTIG!
Trinken Sie viel.
Mindestens zwei Liter
pro Tag.

DIE FISCHE-DIÄT

★★

Tip
*Hier finden
Sie einige Beispiele
der unzähligen
Kombinations-
möglichkeiten der
Baukasten-Diät.
In jedem Rezept sind
die drei Bausteine mit
einem ● gekennzeich-
net. Wenn zwei halbe
Portionen verwendet
wurden, so steht
ein ◗ davor.*

KÄSEBRÖTCHEN

- ● *1 Vollkornbrötchen*
- *1 TL Butter oder Margarine*
- ● *1 Scheibe Käse*
- ● *1 Apfel*

Das Brötchen halbieren und dünn mit Butter oder Margarine bestreichen. Die Scheibe Käse ebenfalls halbieren und auf die Brötchenhälften legen. Hinterher gibt es einen Apfel.

BROT MIT GEFLÜGELSÜLZE

- ● *1 Scheibe Vollkornbrot*
- *1 TL Remoulade (Tube)*
- ● *1 Scheibe Geflügelsülze*
- ● *2 Kiwis*

Das Brot mit Remoulade bestreichen und die Geflügelsülze darauflegen. In der Mitte durchschneiden. Hinterher gibt es Kiwis.

GURKENQUARK

- ● *5 EL Magerquark*
- *2 TL Salatcreme*
- *Salz*
- *Pfeffer*
- *1 EL gehackter Dill*
- ● *1 Stückchen grüne Gurke*
- ● *1 Scheibe Vollkornbrot*

Den Quark mit einem Teelöffel Salatcreme, Salz, Pfeffer und Dill verrühren. Die Gurke fein würfeln und unter den Quark heben. Das Brot mit Salatcreme bestreichen, mit dünnen Gurkenscheiben belegen und zu dem Quark essen.

DIE FISCHE-DIÄT

★ ★

SÜSS & SALZIG

● 1 Sesambrötchen
1 TL Butter oder Margarine
1 TL Honig
● 5 EL Magerquark
1 TL Crème fraîche
Salz
Pfeffer
● 1 Bund Radieschen

Das Brötchen halbieren und mit Butter oder Margarine bestreichen. Auf die eine Hälfte Honig träufeln. Den Quark mit Crème fraîche, Salz und Pfeffer verrühren. Die Radieschen in Scheiben schneiden oder raspeln und unter den Quark heben. Zu dem Quark die andere Brötchenhälfte essen.

ERDBEEREN MIT VANILLEJOGHURT

● 1 Portion Erdbeeren (250 g)
● 1 Becher Vanillejoghurt (Magerstufe)
● 4 EL Corn-flakes

Die Erdbeeren waschen, halbieren und in ein Schälchen legen. Den Vanillejoghurt einmal durchrühren und über die Erdbeeren gießen. Mit Corn-flakes bestreuen.

OBSTSALAT MIT NÜSSEN

▶ ½ Apfel
▶ ½ Banane
1 TL Zitronensaft
1 TL Zucker
● 1 EL gehackte Hasel- oder Walnüsse
● 2 Tassen Dickmilch

Das Obst kleinschneiden, mit Zitronensaft, Zucker und Nüssen mischen und in einen Müsliteller geben. Mit Dickmilch übergießen.

Tip

Ihre Frühstücke können Sie noch mit vielen Dingen anreichern: Mit Gewürzen und frischen Kräutern. Mit Honig oder Gelee. Sie können Magerquark oder Cremequark verwenden. Sie werden ganz sahnig, wenn Sie einen Teelöffel Salatcreme (Mayonnaise auf Joghurtbasis) oder Crème fraîche hineinrühren. Wird immer besser als der Quark mit höheren Fettstufen.

Tip

Wenn Sie Zucker – wie in den Rezepten – nur teelöffelweise verwenden, sollten Sie ihn nicht durch Süßstoff ersetzen.

DIE FISCHE-DIÄT

★★★★★★★★★★★★★★★★★★★★★★★★★★★★★★★★★★

Tip

Den Reis können Sie gegen Pellkartoffeln, Salzkartoffeln oder Nudeln austauschen.

Tip

Statt Chicorée können Sie jedes andere zarte Gemüse nehmen: Blattspinat, Mangoldblätter, Erbsen, Gurkenwürfel, ja sogar in Streifen geschnittene Salatblätter.

Tip

Das Hähnchenbrustfilet können Sie gegen folgende Fleischsorten austauschen: 150 g Putenschnitzel, 150 g Schweine- oder Rinderfilet, 150 g Schweineschnitzel, 150 g Lammkeule oder -rücken. Und auch gegen Fisch: 150 g Filet vom Kabeljau, Rotbarsch, Seelachs oder Scholle. Oder gegen zwei wachsweich gekochte Eier. So flexibel ist der Eß-Baukasten.

HÄHNCHENMEDAILLONS IN SENFSAHNE

- 1 Portion Reis
  Salz
- 1 kleines Hähnchenbrustfilet (150 g)
- 1 Staude Chicorée
  1 EL Senf
  1 EL Crème fraîche
  4 EL Wasser
  einige Tropfen Öl
  Pfeffer

1. Den Reis in Salzwasser körnig kochen. Das Hähnchenfleisch in Medaillons schneiden.
2. Chicorée am unteren Ende keilförmig ausschneiden, den Chicorée in Streifen schneiden.
3. In einer Tasse den Senf mit Crème fraîche und Wasser verrühren.
4. Eine beschichtete Pfanne erhitzen und mit Öl auswischen. Die Hähnchenmedaillons scharf anbraten. Wenden und die Hitze herunterschalten. Langsam zu Ende braten, bis beide Seiten braun sind. Mit Salz und Pfeffer würzen.

5. Die Sauce zugießen und einmal aufkochen. Die Chicoréestreifen zugeben und in der Sauce kurz erhitzen.
6. Hähnchenmedaillons mit der Sauce neben dem Reis anrichten.

DIE FISCHE-DIÄT

★★★★★★★★★★★★★★★★★★★★★★★★★★★★★★★

FISCHRAGOUT
MIT SALZKARTOFFELN

- *3 Kartoffeln*
- *Salz*
- *150 g Fischfilet (Kabeljau, Rotbarsch, Seelachs oder Scholle)*
- *Pfeffer*
- *einige Tropfen Zitronensaft*
- *1 Zwiebel*
- *1 Knoblauchzehe*
- *einige Tropfen Öl*
- *½ Tasse Weißwein oder Brühe (Instant)*
- *2 EL Crème fraîche*
- *150 g geputzter, gehackter Spinat*

1. Die Kartoffeln schälen, in Schnitze schneiden und in Salzwasser zu Salzkartoffeln kochen.
2. Das Fischfilet in Stücke teilen und mit Salz, Pfeffer und Zitronensaft würzen, eine Weile ziehen lassen.
3. Zwiebel und Knoblauch fein würfeln. Einen Topf erhitzen und das Öl zugeben. Zwiebelwürfel darin glasig braten. Knoblauch zugeben. Nach und nach den Weiß-

wein zugießen und bis auf einen Eßlöffel Flüssigkeit einkochen.
4. Crème fraîche hineinrühren, mit Salz und Pfeffer würzen. Einmal kurz aufkochen.
5. Den Spinat nach und nach zu der Sauce geben, zugedeckt zusammenfallen lassen, dabei mehrmals umrühren. Den Fisch obenauflegen und ebenfalls zugedeckt einige Minuten garziehen lassen. Den Fisch mit der Spinatsauce auf einem Teller anrichten, die Salzkartoffeln danebenlegen.

Tip
Dieses Gericht schmeckt auch mit Reis oder Nudeln, besonders gut mit dünnen Spaghetti.

Tip
Wenn Sie sich etwas Luxus gönnen wollen, nehmen Sie als Fischfilet Lachs oder Shrimps. Da genügen jeweils 100 g.

Tip
Den Spinat können Sie gegen folgende Gemüsesorten tauschen: 1 kleines Paket TK-Blattspinat (damit's schneller geht, den müssen Sie nicht putzen), gehackte Mangoldblätter, feine Erbsen, Zuckerschoten oder einem Gemisch aus Erbsen und Zuckerschoten.

183

DIE FISCHE-DIÄT

★ ★

Tip

Salatcreme ist eine Art von Mayonnaise auf Joghurtbasis. 1 Teelöffel Mayonnaise enthält 39 Kalorien und viel Fett, 1 Teelöffel Salatcreme hat 11 Kalorien und wenig Fett.

Tip

Statt Roastbeef können Sie auch jeden anderen mageren Aufschnitt nehmen: Corned beef, geräucherte Putenbrust, gekochten Schinken, Sülzwurst, Kasseler, Lachsschinken, Lachsfleisch mit Kräutern, Geflügelwurst. Die gibt es in allen mageren Variationen – von der Mortadella bis zur Mettwurst.

Tip

Statt Krabben können Sie auch ein gewürfeltes Matjesfilet nehmen. Oder auch ein Stückchen (50 g) gebratenes Fleisch oder Geflügelfleisch, evtl. Reste von einem Mittagessen.

ROASTBEEF-BROT

- ● 2 Scheiben Vollkornbrot
- 2 TL Salatcreme
- ● 2 Scheiben Roastbeef
- Salz
- 1 Gewürzgurke
- ● 3 Tomaten
- Pfeffer
- 2 EL Schnittlauchröllchen

1. Brot mit Salatcreme bestreichen. Das Roastbeef darauflegen, mit Salz würzen.
2. Die Gewürzgurke in dünne Scheiben schneiden und auf den Broten verteilen. Die Brote auf einen großen Teller legen.
3. Die Tomaten vierteln und rund um die Brote legen. Mit Salz, Pfeffer und Schnittlauchröllchen bestreuen.

KRABBEN-BROT

- ● 50 g Krabbenfleisch
- ● 1 Stück grüne Gurke
- 2 TL Salatcreme
- einige Tropfen Zitronensaft
- Salz
- Pfeffer
- 1 EL gehackter Dill
- ● 2 Scheiben Vollkornbrot

1. Das Krabbenfleisch abspülen, auf Küchenkrepp legen und trockentupfen. Die Gurke fein würfeln.
2. In einer kleinen Schüssel Salatcreme mit Zitronensaft verrühren und mit Salz und Pfeffer würzen.
3. Krabben, Gurkenwürfel und Dill unterheben, eine Weile ziehen lassen. Die Krabben auf den Broten anrichten.

DIE FISCHE-DIÄT

★★★★★★★★★★★★★★★★★★★★★★★★★★★★★★★★★★★★★★★

BUNTER KARTOFFELSALAT

1 EL Salatcreme
1 EL Weinessig
Salz
Pfeffer
1 TL Zucker
2 EL Schnittlauchröllchen
● *3 gekochte Kartoffeln*
▶ *½ Bund Radieschen*
● *1 Wiener Würstchen*
1 Zwiebel
▶ *1 Stückchen grüne Gurke*

1. Mit einem Schneebesen in einer Schüssel Salatcreme mit Weinessig, Salz, Pfeffer und Zucker verrühren. Den Schnittlauch unterheben.
2. Die Kartoffeln pellen. Kartoffeln, Radieschen und Würstchen in Scheiben schneiden, Zwiebel und Gurke würfeln.
3. Alles zur Salatsauce geben und eine Weile ziehen lassen.

BRATKARTOFFELN MIT SPIEGELEIERN
Foto Seite 172 und 173

● *3 gekochte Kartoffeln*
1 Frühlingszwiebel
Salz, Pfeffer
1 TL Butter oder Margarine
● *2 Eier*
2 EL Schnittlauchröllchen
● *1 Portion Salat*
1 EL Öl
2 EL Wasser
einige Tropfen Zitronensaft
1 Prise Zucker

1. Kartoffeln und Frühlingszwiebel in Scheiben schneiden. In einer beschichteten Pfanne hellbraun braten. Mit Salz und Pfeffer würzen. Butter oder Margarine zugeben und die Kartoffeln goldgelb fertig braten.
2. Die Eier als Spiegeleier neben den Kartoffeln braten. Mit Salz und Schnittlauch bestreuen.
3. Dazu gibt es einen Salat mit einer Sauce aus Öl, Wasser, Zitronensaft, Salz, Pfeffer und Zucker.

EXTRAS
Zwischen Frühstück und Mittagessen, Mittagessen und Abendessen sollten Sie eine Zwischenmahlzeit einlegen (zählt mit einem ●):
● *Obst, wie z. B. Apfel, Birne, Apfelsine, Banane, Kiwis oder eine Portion Beeren- oder Steinobst.*
● *Gemüse, wie z. B. Radieschen, Paprika- schoten, Möhren, Stau- densellerie, Kohlrabi. Von dem können Sie soviel essen, wie Sie wollen.*
● *Eine »weiße« Mahl- zeit, wie z. B. Joghurt oder eine Quarkspeise, damit Sie genügen Cal- cium bekommen.*

Tip
Sie wissen ja, minde- stens 11 ● pro Tag sol- len Sie sammeln.

Wichtig!
Trinken Sie viel. Bis zu zwei Liter pro Tag: Kaf- fee, Tee, Mineralwasser und verdünnte Obstsäf- te oder Gemüsesäfte.

STICHWORTVERZEICHNIS

ASTRO-DIÄT

★★★

Ahornsirup	69	Frühstück	68
American Sandwiches	143	Frühstücksbrote	111
Asiatische Rezepte,			
ganz schnell	58	Geflügelwurst	184
		Gemüse kurz gebraten	55
Bauernfrühstück,		Gemüseeinsatz	115
Grundrezept	153	Gemüsehobel	115
Bausteine	180	Gemüsepfanne,	
Beilagen	98	Grundrezept	112
Braten im Wok oder		Getränke	185
in beschichteter Pfanne	54	Grüne Bohnen	72
Bratkartoffeln,		Grüne Gurke	101
Grundrezept	31	Grützwurst	155
Brokkoli	100, 126, 127	Gurkenquark	112
Brokkoli im Vorrat	126		
		Hack für Klößchen	99
Champignons	27	Hähnchen Wiener	26
Chicorée	128	Hähnchenbrustfilet	182
Cholesterin	167	Hähnchenragout,	
Corned beef	73	Grundrezept	125
Cremesuppe, Grundrezept	30, 168	Hamburger	143
Cremquark	112, 169	Honig	82
		Hot dog	142
Eier	167	Hülsenfrüchte	154
Erbsensuppe, Grundrezept	86	Hunger zwischendurch	59, 84
Erdbeeren	138		
		Kalbsleber	170
Fettarm braten	83	Kartoffeln, gekocht,	
Fettfrei braten	97	im Vorrat	29, 124
Fisch-Eintopf, Grundrezept	113	Kartoffelpfanne, Grundrezept	86
Fisch-Pfanne, Grundrezept	129	Keimöl	58
Fischfilet	72, 170	Knödel, Grundrezept	141
Fleischpfanne, Grundrezept	113	Krabbenfleisch	59
Flüssigkeitszufuhr	185	Kräuter	97
Frischkäse	166		
Frischkäse-leicht	82	Lachs	138
Frühlingszwiebeln	100	Lammkeule	28

STICHWORTVERZEICHNIS

ASTRO-DIÄT ★★★★★★★★★★★★★★★★★★★★★★★★★★★★★★★★★★★★★★

Leber (Kalb, Schwein,
  Rind, Geflügel)   100, 140
Linsen   156
Lunch   68
Lunchpaket (Belag)   71
Lunchpaket (Brotsorten) 71
Lunchpaket (Salat)   70
Lunchpaket (Suppen)   70
Lunchpakete   71
Lunchpakete
  für Berufstätige   85

Magerer Aufschnitt   69
Maiskolben   142
Marinaden   56
Mikrowelle   96
Mikrowelle am Arbeitsplatz   70
Mozzarella   44
Müsli   82

Naschen   84
Nudeln im Vorrat   40

Obst   96, 152
Omelettfüllungen   97
Ossobuco, Grundrezept   42

Pampelmusen   167
Paniermehl   26
Parmesan   44
Pfannkuchen, Grundrezept 139
Pfannkuchenmehl   139
Pizza, Grundrezept   45
Pizzamehl   45
Porridge   110
Portionsgrößen   115
Putenpastrami   166

Radieschen   166
Ragouts   98
Reinigen von Wok
  und Pfanne   54
Reis im Vorrat   110, 125, 126, 170
Rindfleisch   72
Roastbeef   184
Rumpsteak   27

Salatcreme   26, 69, 184
Salatsaucen   114
Schweinefleisch   26
Semmelbrösel mit Butter 141
Spaghetti, Portionen   41
Spinat   124
Staudensellerie   42
Sülze   31

Tiefkühlkost   87
Truthahn-Zwiebelmett   127

Vanillejoghurt   110
Venezianische Leber,
  Grundrezept   43
Vorräte für asiatische Küche   57

Weiße Bohnen   156
Wiener Würstchen   26
Würstchen
  im Kartoffelsalat   85

Zucchini   101
Zucker   181
Zutaten mit
  Zimmertemperatur   96
Zwiebelsuppe,
  Grundrezept   142

REZEPTREGISTER

ASTRO-DIÄT

★★★★★★★★★★★★★★★★★★★★★★★★★★★★★★★★★★★★★★

FRÜHSTÜCK

Apfel-Omelett	83
Bananen-Porridge	110
Bananencreme	96
Bauernfrühstück	153
Brot mit Geflügelsülze	180
Brötchen süß & salzig	82
Bunte Knäckebrote	82
Bunte Vollkornbrote	
(10 Vorschläge)	111
Dickmilch mit Pfirsich	96
Ei im Glas	97
Gesundheitsfrühstück	
vom Wassermann	167
Gurkenquark	180
Ham & Eggs	138
Heiße Milch	
mit Honigbrötchen	96
Himbeerquark mit Buttertoast	96
Johannisbeercreme	110
Kakao und Brötchen	152
Käsebrötchen	180
Kräuterquark	82
Kresse-Ei mit Toast	167
Kümmelstange	152
Milch mit Erdbeeren	
und Corn-flakes	138
Milch mit Zwieback	152
Milchreis mit Apfelmus	110
Müsli	82
Obstsalat mit Nüssen	181
Omelett mit Apfelmus	97
Palatschinken	139
Pfannkuchen mit Blaubeeren	139
Rosinenquark	152
Schnittlauch-Rührei	83
Sesambrötchen mit Lachs	138

Spanisches Omelett	138
Süß & Salzig	181
Vollkornbrot	
mit Putenpastrami	166
Vollkornbrot mit Radieschen	166

BRUNCH

Frikadellenbrot	
und Bunter Salat	69
Krabbenbrot und	
Möhren-Sellerie-Salat	68
Pfannkuchen mit Ahornsirup	
und Melone mit Schinken	69
Rührei mit Champignons	
und Obstsalat	68

**ABENDESSEN/
KLEINE MAHLZEITEN**

Bratkartoffeln	
mit Spiegeleiern	185
Bratkartoffeln mit Sülze	31
Brokkoli-Cremesuppe	168
Brot mit Salat	31
Bunter Kartoffelsalat	185
Bunter Salat	
mit Gemüse-Sandwich	114
Croque Monsieur	84
Erbsensuppe	86
Gemüse mit Parmesan	44
Gemüse, warm, mit Käse	115
Gemüse-Eintopf	
mit Sonnenblumenkernen	115
Gemüsesuppe	70
Geschnetzeltes	
mit Gemüseburgern	87
Hamburger	143
Hot dog	142

REZEPTREGISTER

Kartoffel-Gemüse-Gratin	168
Kartoffel-Pfanne	86
Kartoffelsalat mit Tomaten	85
Kartoffelsuppe mit Würstchen	30
Krabben-Brot	184
Kümmelkartoffeln mit Liptauer	157
Laugenbrezel mit Käse	84
Linsen-Salat mit Nüssen	156
Lunchpakete zum Fertigkaufen	71
Maiskolben mit Butter	142
Mozzarella mit Tomaten	44
Pellkartoffeln mit Kaviar	
und Kressequark	169
Pizza mit Champignons	45
Pizza mit Gemüse	45
Pizza mit Lachs	45
Pizza mit Thunfisch	45
Reissalat	85
Rettich-Salat	114
Roastbeef-Brot	184
Rohkost	114
Salatsaucen	114
Sandwich	71
Sandwich mit Aufschnitt	84
Thunfisch-Sandwich	143
Weißer Bohnen-Salat	156
Weißkohl-Salat	157
Wurstsalat	70
Zwiebelsuppe	142

**MITTAGESSEN/
GROSSE MAHLZEIT**

Béchamelkartoffeln mit Spinat	124
Blumenkohl-Auflauf	73
Bohneneintopf	29
Brokkoli	
mit Hähnchenbrustfilet	100

Brokkoli mit Käse	126
Brokkoli-Auflauf	
mit Corned beef	127
Brokkoli-Eintopf	127
Brokkoli-Pfanne	126
Chicorée-Pfanne	128
Curryhuhn	59
Curryshrimps	101
Fisch-Eintopf	113
Fisch-Pfanne	129
Fischfilet in Dillsahne	101
Fischfilet in Dillsauce	170
Fischragout mit Salzkartoffeln	183
Fleisch-Pfanne	129
Gemüsepfanne	
mit Spiegeleiern	112
Geschnetzeltes	113
Hähnchen in Rotwein	171
Hähnchenfleisch	
mit Zuckerschoten	57
Hähnchenmedaillons	
in Senfsahne	182
Hähnchenragout mit Spinat	125
Hirse mit Ragout	98
Italienisches Rindfleisch	
mit Tomatensauce	141
Kalbsleberragout mit Estragon	170
Kartoffelpüree mit Ragout	98
Kartoffelsalat mit Würstchen	26
Koteletts mit warmem	
Kartoffelsalat	26
Lammragout	28
Lauch-Pfanne	128
Laucheintopf	29
Leber mit Estragonsauce	100
Marillenknödel	
mit brauner Butter	141

REZEPTREGISTER

★★★★★★★★★★★★★★★★★★★★★★★★★★★★★★★★★★★★ **ASTRO-DIÄT**

Matjes-Eintopf	155	Rindfleisch mit Shiitake-Pilzen	58
Nudeln mit Ragout	98	Risotto	42
Ossobuco	42	Rumpsteak mit Champignons	27
Pellkartoffeln mit Gurkencreme	112	Sahnelinsen mit Pellkartoffeln	155
Pfannfisch	72	Schweizer Leberspießli	140
Putenfleisch, geschnetzelt,		Spaghetti Bolognese	40
mit Lauch	56	Spaghetti Carbonara	40
Putenfrikadellen	99	Spaghetti mit Fleischklößchen	40
Reis mit Champignons	54	Spaghetti mit Kaviar	41
Reis mit Ei	59	Spaghetti Vongole	40
Reis mit Ragout	98	Spanische Hähnchen-Pfanne	140
Reis mit Schweinefleisch	54	Spinat mit Spiegeleiern	124
Reis mit Shrimps	58	Venezianische Leber	43
Rindfleisch mit grünen Bohnen	72	Weiße Bohnen mit Corned beef	154
Rindfleisch mit Paprikaschoten	55	Weißkohl-Eintopf mit Lamm	154